개척교회 **목회자 리더십과** 성격유형(MBTI)

개척교회 **목회자 리더십**과 **성격유형(MBTI)**

이종수 지음

 형제들의 집

목차

추천사 1 ... 6

추천사 2 ... 8

추천사 3 ... 10

추천사 4 ... 12

머리말 ... 14

제 1장 서론, 교회개척이란 무엇인가 ... 33

제 2장 목회자 리더십에 대한 이해 ... 53

제 3장 개척교회의 성장과
      목회자 리더십 유형의 관계 ... 100

제 4장 MBTI와 목회자 리더십의 관계 ... 145

제 5장 결론 ... 184

참고문헌 ... 188

미주 ... 200

부록1: MBTI 16가지 성격유형 ... 223

부록2: 목회자 기본 정보 질문지 ... 228

추천사 1

교회개척은 이 세상에서 하나님의 나라를 확장하는 성령의 강력한 사역입니다. 교회개척은 예나 지금이나 매우 어렵고 힘들기 때문에, 충분한 준비가 필요합니다.

만일 누군가 교회개척을 위한 초기단계부터 하나하나 준비과정을 설명하고, 교회개척에 있어서 가장 중요한 것이 무엇인지를 알려주는 책이 있다면, 많은 목회자들이 시행착오를 줄일 수 있을 것입니다. 아마도 가장 중요한 요소는 바로 리더십일 것입니다. 리더십이 살면 교회개척이 성공하고, 리더십이 죽으면 교회개척도 실패하게 될 것입니다.

이 책의 저자는 무엇보다 교회개척을 꿈꾸는 목회자에게 필요한 것은 영적인 리더십이란 사실을 강조하고 있습니다. 사실 교회개척을 위해서 영적인 리더십만큼 중요한 것은 없을 것입니다. 교회개척을 위해선 무엇보다 영적인 리더십으로 무장되고 준비되어야 합니다. 리더십의 개념을 정확히 이해해야 할 뿐만 아니라 리더십의 자질과 능력을 덧입어야 합니다.

뿐만 아니라 교회를 개척하는데 있어서, 개인의 성격유형 또한 중요합니다. 자신의 개인 성격유형을 파악하고, 장단점을 인지하지 못한 상태에서 교회개척을 한다는 것은 모래위에 집을 짓는 것과 같습니다.

이 책의 저자는 교회개척에 있어서 영적인 리더십과 개인 성격유형 간의 관계를 잘 접목시킴으로써, 보다 효과적이고 성공적인 교회개척이 이루어질 수 있는 길을 열어주고 있습니다.

미래 교회개척을 준비하는 목회자 및 목회 후보자들이 반드시 읽어 보아야 할 책으로 강력 추천합니다. 본서가 교회개척에 대한 새로운 도전과 희망을 발견하는 촉매제가 되기를 기대하는 바입니다.

임경철 교수
(Asia Graduate School of Theology-Pacific 총장,
사단법인 글로벌리더십개발원 원장)

추천사 2

요즘 새로운 교회를 개척하기가 어렵다는 말을 자주 듣습니다. 시대, 사회, 그리고 문화적인 요인을 들어가면서 이를 합리화하는 사람들도 있습니다. 그러나 교회를 개척하기가 쉬웠던 시대가 과연 있기는 했을까 의심이 듭니다.

새로 교회를 개척한다는 것은 결코 쉬운 일이 아니기에 교회의 머리가 되시는 우리 주님의 뜻과 인도하심, 그리고 개척을 위한 유능한 일꾼과 전략이 필요하다고 생각합니다. 필자는 이런 교회의 개척에 있어 가장 핵심이 되는 요소로서 리더와 그의 리더십을 강조합니다. 왜냐하면 하나님은 그의 도구인 리더를 통하여 그의 교회를 개척하시는 일을 하시기 때문입니다.

필자는 교회를 개척하는 리더에게 있어야 할 자질과 이 일에 적합한 리더의 유형을 제시하고 있습니다. 하나님은 그의 일꾼들을 그들의 은사에 따라 가장 적합한 일터에 배치하시고 그들을 통하여 그의 교회를 세우시기 때문입니다.

이 책은 교회의 개척에 있어 이런 기본적이면서 기초적인 단계에 필요한 전략을 제시하고 있습니다. 본래 이 책의 내용은 필자의 GSOT(Grace School of Theology) 박사 논문으로 작성된 것이지만 교회의 개척을 염두에 두고 있는 모든 분들이 참고해야 할 귀한 정보를 제공하기에 저는 이 책을 여러분들께 기쁜 마음으로 추천합니다.

안국환 교수
(미국 Texas주 Woodland소재, Grace School of Theology)

추천사 3

목회데이터연구소에서 '한국교회 트렌드 2023-한국교회를 말하다' 세미나에서 SBNR(Spiritual but not Religious: 기독교 신앙과 기독교적 영성을 가지고 있지만 교회에 나가지 않는 사람들)이 코로나19 이후 한국교회에서 많이 증가하고 있다는 통계자료를 발표한 적이 있습니다. 대안이 없는 것은 아니지만 교회 사역을 위한 환경이 더 열악해졌다는 내용을 소개하고 있습니다.

그러나 이러한 시대 상황에서도 건전한 성경 해석에 기반한 교육과 설교, 그리고 복음 전파의 사명을 다하는 기존 교회는 자신의 역할을 잘 감당할 것입니다. 한편 소명 받은 목회자들에 의해서 새로운 교회는 계속 개척되고 확장되고 있습니다. 외적으로 어려운 환경에서 쉽지 않은 사명을 감당하기 위해 고군분투하는 개척교회 목회자들에게 보람 있는 목회 사역에 도움이 되는 방안이 필요한 시기이기도 합니다. 이러한 시기에 교회개척에 도움을 줄 수 있는 연구가 이종수 박사에 의해서 이루어졌습니다. 이 연구는 매우 독창적이며 실제적이라고 할 수 있습니다. 그래서 교회개척을 위한 도움이 필요한 목회자들에게 상당한 도움을 줄 수 있을 것입니다.

　이 책은 리더십의 자질과 훈련을 강조하는 요즘의 패러다임에 맞춰 먼저 성경적 리더십을 제안하고 있습니다. 그리고 MBTI를 통해 목회자 자신의 성격유형을 먼저 아는 것의 필요성을 말하면서, 자신의 약점을 보완해 줄 수 있는 동역자를 만나는 것과 그 동역자의 성격유형을 알고 부족한 부분을 목회자가 상호 협력해서 교회개척의 시너지 효과를 얻는 방안과 대안을 제시하고 있습니다.

　아무쪼록 어려운 시기에 진리의 말씀과 온전한 복음을 전파하기 위해 최선을 다하는 개척교회 목회자님들에게 이 책이 현장 목회의 어려움을 풀 수 있는 샘물의 역할을 할 수 있기를 기대해 봅니다.

최충민
(PhD, 서울송파교회 목회)

추천사 4

"주여, 믿습니다. 하고 문을 열고 나갔더니 낭떠러지였다"라는 말이 있습니다. 영혼구원에 대한 큰 꿈과 비전을 가지고 교회를 개척했는데 막상 나가보니 낭떠러지였다는 것입니다. 예전에 비해 21세기에 교회를 개척하는 일은 결코 쉬운 일이 아닙니다. 어느 시대보다 더 많은 기도와 연구로 준비를 해야 합니다.

이런 면에서 이 책은 교회 개척에서 가장 중요한 부분이라고 할 수 있는 리더십에 대한 적합한 안내를 하고 있습니다. 특히 지금까지 다루어지지 않았던 목회자의 개인성격유형과 목회 리더십의 관계를 연구한 것은 큰 의의가 있다고 봅니다.

교회를 개척해 본 경험으로 볼 때 목회는 다양한 사람들을 만나는 자리이기 때문에 무엇보다 사람과의 관계가 핵심입니다. 이런 현장에서 자연스럽게 목회자 자신의 성격유형이 드러날 수밖에 없고, 그 유형의 장단점도 드러나게 됩니다.

교회를 개척하는 목회자가 자신의 개인 성향을 잘 알고 있을 때, 대인관계에서 일어나는 많은 문제들을 대처할 수 있는 지혜가 생길 것입니다. 이런 면에서 이 책은 교회를 개척하는 목회자에게 큰 도움을 줄 것입니다.

정인택
(PhD, 성서행복한교회 목회)

머리말

이 책은 "개척교회의 효과적인 성장을 위한 목회자 리더십과 성격유형(MBTI) 간의 관계 연구(A STUDY ON THE RELATIONSHIP BETWEEN PASTORAL LEADERSHIP AND PERSONALITY TYPE (MBTI) FOR EFFECTIVE GROWTH OF PLANTING CHURCH)"라는 박사학위 논문을 조금 더 읽기 쉽게 재구성한 것입니다. 그리고 책의 제목도 간략하게 "개척교회 목회자 리더십과 성격유형(MBTI)"이란 제목으로 줄였습니다.

이 책은 하나님의 명령이며, 또한 성령의 운동력 있는 역사로서 교회개척을 마음에 품고서 하나님의 뜻을 분별 중에 있거나, 또한 현재 교회개척이라는 한치 앞도 내다볼 수 없는 시계제로인 상황에 처한 개척교회 목회자에게 어둠 속을 밝히는 한 줄기 등대와 같은 빛을 비추려는 뜻에서 출판하게 되었습니다.

제1장 서론에서는 교회개척의 성경적인 의미를 소상히 밝혔고, 또 하나님은 어떤 교회를 세우시길 원하시는가에 대해서 초점을 맞추고

있습니다. 오늘날 정말 다양한 모습을 하고 있는 교회를 보면서, 과연 하나님이 이런 교회를 세우고 싶어 하신 것인가 하는 생각을 가질 수밖에 없는 교회들의 모습이 있습니다. 그러므로 모든 교회개척자는 하나님이 신약시대에 세우기를 원하시는 신약교회의 원리를 따라서 세워지는 성경적인 교회가 무엇인지를 볼 수 있어야 합니다.

교회개척의 목표로서 신약성경이 말하는 성경적인 교회

그렇다면 신약성경이 말하는 성경적인 교회란 무엇일까요? 우선적으로 성경적인 교회란 바로 확실히 성령의 능력과 역사에 의해서 거듭남을 경험함으로써 하나님의 생명을 가진 사람들로만 이루어진 교회를 세워야 한다는 것입니다. 둘째 이렇게 거듭난 성도들이 그리스도의 제자로 세워지도록 영적인 지도와 훈련이 필요하며, 모든 성도가 나는 죽고 그리스도로 사는 그리스도의 몸된 교회를 세워야 한다는 것입니다.

이러한 신약교회의 원리를 따라서 교회를 세우는 일은 결코 쉽지 않은 일입니다. 이러한 교회를 세우려면 목회자는 무엇보다 영적인 리더십이 필요합니다. 영적인 리더십의 본질은 하나님의 목적과 뜻을 이루어낼 수 있는 영성과 영적인 파워에 있으며, 교회 지체들을 현재의 자리에서 움직여 하나님의 목적지에 도달하도록 이끌어주는 능력에 있습니다. 이러한 영적인 리더십을 충분히 갖출수록 개척교회는 가능한 빠른 시간에 안정적인 상황에 돌입할 수 있습니다. 기존에 이미 잘 세워진 교회의 목회 상황과 모든 것을 새롭게 시작해야 하는 개척교회 상황은 전혀 다르기 때문에, 하나님의 뜻을 이룰 수 있는 강력한 추진력을 갖춘 리더십이 필요합니다.

제2장에서는 일반적인 개념의 리더십에 대한 정의와 유형별 이론을 제시했고, 그리고 나서 성경적인 측면에서 리더십의 특징을 제시했습니다. 교회 또한 유기적인 조직체이기 때문에, 리더십이 강하면 조직이나 기업이 살고, 약하면 죽을 수밖에 없다는 불변의 법칙 아래 있습니다. 그러므로 개척교회 목회자는 리더십의 달인이 되어야 합니다.

일반적인 리더십의 세 가지 유형

그러기 위해서 모든 목회자는 리더십의 세 가지 유형을 이해할 필요가 있습니다. 특별히 개척교회 목회자는 1) 상황적 리더십, 2) 거래적 리더십, 3) 변혁적 리더십을 이해할 필요가 있습니다.

첫째, 상황적 리더십이란 영적으로나 재정적으로 안정된 교회에서 목회하는 목회자와 아무 것도 없는 광야 같은 환경에서 교회개척을 위해 고군분투하는 상황 가운데 목회하는 목회자는 다른 리더십 형태를 갖추어야 한다는 것입니다. 오늘과 내일이 전혀 다른 상황 속에서 고정된 원칙만으론 힘을 발휘할 수 없으며, 주어진 다양한 상황과 예기치 못한 환경 속에서 시기적절한 창조적이고 변화 수용적인 리더십을 발휘할 수 있어야 합니다.

둘째, 거래적 리더십이란 교회개척이란 목표를 달성하려면, 현재 교회를 이루고 있는 구도자나 성도들과 인격적인 관계를 형성함으로써 공동 목표와 공동의 가치를 향해 달려나갈 수 있는 파트너십을 형성할 필요가 있습니다. 뿐만 아니라 신앙초기부터 너무 개인의 구원 문제보다는 하나님의 영광이라는 목표를 함께 바라볼 수 있도록 훨씬 더 고차원적인 동기를 부여해줄 수 있어야 합니다.

셋째, 변혁적 리더십이란 교회 구성원들의 잠재능력을 계발해주고, 임파워먼트를 통해서 교회생활을 자발적으로 할 수 있도록 돕는 리더십을 의미합니다. 이를 위해선 동기 부여 뿐만 아니라 권한 부여를 통하여 교회 구성원들이 자존 욕구를 달성하도록 도와줄 필요가 있습니다. 이를 위해선 새로 믿게 된 새신자들의 숨은 은사와 달란트를 계발할 수 있도록 동기부여하고, 신앙 초기부터 전도를 실천할 수 있도록 도전하고 격려할 수 있어야 하며, 목회자 본인이 솔선수범함으로써 모본을 보여 주어야 합니다. 이를 통해서 개척교회가 목회자 혼자만의 수고와 노력과 애씀으로 되어지는 것이 아니라, 교회의 모든 구성원들이 함께 세우는 공동의 목표가 될 것입니다.

교회개척을 위한 목회자의 요건

이러한 일반적인 리더십에 대한 이해도 필요하지만, 사실 목회자의 리더십과 세상의 리더십은 다른 측면이 있습니다. 무엇보다 목회자에게 필요한 리더십은 영적인 리더십입니다. 영적 리더십이란 하나님의 방법대로, 자신의 열정보다는 성령님의 인도를 받아 하나님의 뜻을 이루는 것입니다.

이러한 영적인 리더십을 발휘하려면 우선적으로 목회자는 회심한 사람이어야 합니다. 자신이 확실히 거듭난 경험이 있어야 하며, 또한 믿지 않는 사람들에게 생명의 복음을 전하여 거듭나게 하는 경험이 있어야 합니다.

둘째, 개척교회 목회자는 교회를 개척하라는 분명한 하나님의 소명을 받은 사람이어야 하며(마 28:19,20), 성령과 지역교회의 보내심을 받은 사람이어야 합니다(행 13:2-4). 왜냐하면 실제 교회개척의 사례들을 보면 하나님의 부르심 외에 다른 동기에 의해서 교회개척에 나선 사례들이 많이 있기 때문입니다. 개척교회의 현실은 말로 다 표현할 수 없을 정도로 척박하기 때문에, 하나님의 부르심이 없다면 결코 감당할 수 없는 대사명입니다. 이러한 개척교회의 극한 현실과 상황에 대해서 2장에 잘 설명되어 있으니 충분히 참고하시길 바랍니다.

셋째, 개척교회 목회자는 뚜렷한 은사가 있어야 하며, 개척교회에 합당한 은사를 갖춘 사람이어야 합니다. 교회개척에 있어서 목회자의 은사는 매우 중요한 요소이며, 성령의 은사는 교회성장과 직접적으로 연결되어 있습니다. 그러므로 교회 개척자는 교회개척 파송을 받기 이전에 이미 교회에서 목회의 은사를 활용함으로써 그리스도의 몸된 교회의 지체들을 강하게 세워주는 사역을 통해서 은사적인 검증을 마친 사람이어야 합니다. 가능한 교회의 다양한 사역 분야와 영역에 참여하여 훌륭한 성과를 낸 이력과 다양한 목회 경험이 있어야 하며, 특별히 개척목회에 적합한 영적인 은사를 가지고 있어야 합니다.

교회를 개척하는 다양한 사례

교회개척은 분명 개인의 사명이기도 하지만 또한 모든 교회의 사명이란 점도 잊지 말아야 합니다. 교회개척의 사례들을 보면, 개인소명에 의한 교회개척, 자비량에 의한 교회개척, 개척팀을 구성한 교회개척, 파송교회의 지원에 의한 교회개척, 교회분립에 의한 교회개척 등 다양합니다. 중요한 것은 교회개척 초기에 파송교회의 적극적인 지원과 후원을 받는 것입니다.

제3장에서는 선교적 교회로서 개척교회의 특징을 조명하고 개척교회의 성장과 목회자 리더십 유형간의 관계를 제시하고 있습니다. 모든 개척교회는 선교적 교회이며, 선교적 교회는 다음과 같은 기준을 가지고 있어야 합니다.

선교적 교회를 위한 12가지 기준

1) 영적으로 죽어 있는 영혼을 다시 살리는 그리스도의 복음을 선언하는 교회다.
2) 모든 지체들이 그리스도의 제자가 되기 위한 학습에 참여하는 공동체다.
3) 성경은 하나님의 말씀이며, 진리의 요체이기에 오직 성경만을 교회의 근간으로 삼는다.
4) 그리스도의 삶, 죽음, 그리고 재림에 참여하기 때문에 세상과는 구별됨을 이해한다.
5) 하나님의 구체적인 선교적 사명이 전 공동체와 각 성도들을 위한 것임을 인식한다.
6) 그리스도인들이 서로를 향해 그리스도인답게 행동한다.
7) 그리스도의 사랑으로 화해를 실천하는 공동체다.
8) 공동체 내의 사람들이 서로를 사랑할 책임을 진다.
9) 선한 대접을 실천한다.
10) 예배는 하나님의 존재와 하나님이 약속하신 미래를 기쁨과 감사

로 축하하는 공동체의 중심된 행위다.
11) 생명력 있는 증인이 있는 공동체다.
12) 하나님의 나라의 운동력 있는 역사의 현장이라는 것을 인식한다.

이러한 선교적 교회의 12가지 기준은 모든 교회가 지향해야 하는 목표라고 할 수 있으며, 사실상 오늘날 모든 신약시대의 교회들이 반드시 회복해야 하는 교회의 존재가치라고 말할 수 있습니다. 이러한 선교적 교회를 개척하고 또한 이러한 교회를 향한 비전과 목표를 이루기 위해선 성경적인 목회자 리더십이 확고히 정립되어 있어야 합니다.

선교적 교회를 지향하는 교회개척을 위해선 교회의 발전과정을 이해할 필요가 있습니다. 왜냐하면 교회 또한 다른 유기체와 같이 출생-성장-성숙-쇠퇴-소멸의 과정을 거치기 때문입니다. 교회개척을 꿈꾸는 목회자는 이러한 교회의 발전과정을 이해하면서, 개척교회를 위한 6가지 목회자 리더십을 갖출 필요가 있습니다. 여기엔 기본적인 3가지 목회자 리더십이 있고, 더욱 계발해야 할 3가지 목회자 리더십이 있습니다.

개척 교회를 위한 기본적인 3가지 목회자 리더십

우선적으로 기본적인 3가지 목회자 리더십에는 목자 리더십, 섬기는 종 리더십, 사랑의 리더십이 있습니다.

첫 번째는 목자 리더십입니다. 왜냐하면 목회자는 우선적으로 하나님의 양무리를 목회하는 목자로서 부르심을 받은 사람이기 때문입니다(요 21:15-17, 벧전 5:1-4). 목회자는 무엇보다 말씀을 가르치는 사람이며 (갈 6:6, 딤전 5:17), 지혜의 말씀과 지식의 말씀의 은사를 받은 사람입니다(고전 12:8). 그러므로 목자는 말씀으로 영혼들을 구령하는 일을 하며 (벧전 1:23,25), 말씀으로 갓 거듭난 초신자들(그리스도의 어린 양들)을 양육하며 (벧전 2:2, 딤후 2:2), 또한 말씀으로 어느 정도 성숙한 신자들(그리스도의 양들)을 훈계하고 (행 20:31), 책망하고 (딤전 2:15), 때로는 징계하는 (딤후 2:25) 일을 하는 사람입니다. 이런 목회를 잘 감당하려면 무엇보다 목자 리더십을 갖추고 있어야 합니다.

두 번째는 섬기는 종 리더십입니다. 사실 목회자가 따라야 할 본은 주 예수 그리스도입니다. 주 예수님은 "인자가 온 것은 섬김을 받으려 함이 아니라 도리어 섬기려 하고" (마 20:28)라고 말씀하셨습니다. 목회자는 하나님의 양 무리 위에 군림하는 것이 아니라, 섬기는 종으로서 부르심을 받았습니다(벧전 5:3). 그렇다면 목회자의 본분은 하나님의 양 무리를 사랑하며, 섬기는 종인 것입니다. 섬기는 일에 무슨 리더십이 필요한가 생각할 수 있지만, 사실 목회자는 섬기는 리더(serving leader)이기 때문에, 섬기며 인도하는 일을 잘 감당하려면 섬기는 종 리더십이 필요합니다.

세 번째는 사랑의 리더십입니다. 오늘날 사랑이란 말이 퇴색되어 버린지 오래되었기 때문에, 사랑을 오용하는 일이 많이 있다는 사실을 잊어선 안됩니다. 목회자는 영혼들을 사랑하고 성도들을 사랑할 때 예수님처럼 사랑해야 합니다. 그러므로 이러한 사랑의 리더십으로 목회를 한다는 것은 그저 교회의 화합과 현상 유지를 위해 성도들의 비성경적인 행위에 눈을 감거나, 죄를 용납하는 것에 반대하는 설교를 하지 않고 그저 묵인하고 눈감아주는 것을 의미하지 않는다는 것을 확실히 알아야 합니다. 죄를 버리고 거룩한 삶을 택할 수 있도록 인도하는 것이 정말 중요합니다. 그러므로 사랑의 리더십이란 사랑의 장이라고 할 수 있는 고린도전서 13장의 사랑을 실천하면서 하나님의 양무리를 목양하는 고귀한 리더십인 것입니다.

개척 교회를 위해 더욱 계발해야 할 3가지 목회자 리더십

이제 새로 시작된 개척교회에는 특별한 리더십이 필요한데, 바로 창조적 리더십, 카리스마 리더십, 권한 위임의 리더십이 필요합니다.

첫 번째 창조적 리더십이란 개척교회의 변화무쌍한 상황과 환경을 인식해야 하며, 막연히 미래를 기다릴 것이 아니라 불확실한 미래를 미리 대비해서 시나리오 플래닝을 함으로써 어떠한 상황이 일어나더라도 즉시 대처할 수 있으며, 비록 똑같은 일이 일어나지 않을지라도 창조적으로 응용해서 대처할 수 있는 리더십 능력을 갖추는 것을 의미합니다. 선교적 교회를 지향하는 개척교회는 원칙과 전통에 매여 있을 수 없으며, 기꺼이 관례의 멍에를 벗어나 새로운 가능성과 가치를 창출할 수 있는 리더십이 필요합니다.

그렇다면 창조적 리더십이란 성경의 진리를 훼손하지 않는다면, 형식과 틀에 관한 한 무엇이든 창조적으로 변화할 수 있는 리더십을 가리키며, 개척교회 목회자는 시대적 상황과 사회의 변화와 흐름에 충분히 대처할 수 있는 영력을 갖춰야 합니다.

두 번째 카리스마 리더십이란 리더가 자신을 따르는 사람들에게 영감을 불어넣고, 충성과 헌신을 이끌어내어 목표를 성취해내는 탁월한 리더십 자질을 가리킵니다. 카리스마 리더십의 핵심은 목표를 설정하고, 그 목표를 자신을 따르는 모든 사람들과 공유하고 또한 공동의 목표로 삼고서, 공동의 목표를 성취하는 일에 마음과 영혼을 뜨겁게 하고, 목표 성취에 그들의 온 열정을 쏟아 붓게 하는데 있습니다.

개척교회 목회자 혼자 교회의 모든 것을 어깨에 짊어지는 가는 것이 아니라, 성도들을 잘 구비시켜 그리스도의 몸의 지체들로서 기능하도록 하기 위해선 권한 위임의 리더십이 절대적으로 필요합니다. 또한 카리스마 리더십은 하나님과의 관계, 사람과의 관계에 지대한 영향을 미칠 뿐만 아니라 설교, 예배, 국내 및 해외선교, 소그룹 활동, 봉사, 교회교육, 교회운영 등 전반에 걸쳐서 영향을 미치기 때문에, 카리스마 리더십은 교회성장에 있어서 매우 중요한 요인으로 강조될 필요가 있습니다.

세 번째 권한 위임 리더십이란 교회 개척 초기부터 새롭게 회심한 성도들을 그리스도의 제자로 양육하고 훈련함으로써 미래 지도자들을 양육하면서 서서히 영적인 책임과 권한을 위임하는 리더십입니다. 개척교회 초기 당시에는 목회자가 모든 것을 다 주관해야 하지만, 이제 구원받는 역사가 일어나고, 기존 교회에 다니던 성도들 가운데 이사 등을 통해서 더해지는 일이 있다면, 서서히 교회의 사역과 일을 분담할 필요가 있습니다.

목회자마다 다를 수 있지만, 일을 타인에게 위임하는 것을 어렵게 생각하는 목회자도 있기 때문에, 이 권한 위임의 리더십은 모든 것을 혼자 다 하려는 마인드를 가진 목회자에게 더욱 필요한 리더십 자질이라고 할 수 있습니다. 그러므로 교회개척의 초기 단계부터 그리스도의 몸된 교회를 세우는 일에 대한 비전을 확고히 하면서, 예수님께서 제자들을 준비시키셨고 권능을 부여하셨듯이(마 10:1-5) 미래 지도자들을 양육하는 일에 헌신해야 합니다.

제자 양육과 훈련을 위한 코칭

그러므로 이 책은 성경적인 조건과 자격을 갖춘 후보자를 선발하는 방법과 후보자의 능력을 검토하고 충분히 고려한 후 그들의 능력에 따라서 권한을 위임하는 방법을 제시하고 있으며, 이를 위한 코칭의 개념을 소개하고 있습니다. 코칭(coaching)이란 나와 마주하는 상대방이 누구든, 그 상대방과 서로 돕고 배우는 관계를 형성하여 서로 간에 지식을 교환하고 창의력을 자극하며 진실한 합의에 이르는 인간관계 기술을 의미합니다. 그러므로 제자 훈련 또는 지도자 후보생 교육에서 코칭의 목적은 제자 훈련생 또는 지도자 후보생의 잠재력을 향상시켜 주는데 있습니다.

동맹자 그룹 결성하기

이와 아울러 개척교회 목회자는 자신의 마음 속에 있는 말을 진실되게 나눌 수 있는 파트너를 자신의 동맹자로서 두어야 합니다. 만일 개척교회 목회자가 교회에서 일어나는 여러 가지 일로 너무도 스트레스를 받아 정서적으로 안정되지 않거나 또한 스트레스를 해소하지 못하는 상태가 지속된다면, 소명의식이 퇴색되거나, 자주 자괴감이나 무력감 또는 정서적 불안감 등으로 고통을 겪을 수 있기 때문입니다.

개척교회의 목회 환경과 상황이 단순하지 않기 때문에, 가능한 목회자는 다양한 리더십의 유형을 계발하고, 어떠한 상황에서도 적절히 대처할 수 있는 유연성을 갖춘 리더십을 갖출 필요가 있습니다. 이상 영적인 목회자가 갖추어야 할 필수적인 3가지 리더십 자질 외에도 교회개척을 위해서 필요한 3가지 리더십 자질을 추가적으로 살펴보았습니다. 교회개척을 마음에 품고 있는 목회자는 이 여섯 가지 리더십 자질을 풍성하게 계발하고 연마할 필요가 있습니다.

제4장에서는 MBTI와 목회자 리더십의 관계를 다루었습니다. MBTI 검사는 칼 G. 융(Carl G. Jung)의 심리유형 이론을 근거로 캐서린 브릭스(Katharine Cook Briggs), 이사벨 마이어스 (Isabel Briggs Myers), 피터 마이어스(Peter Myers)까지 3대에 걸쳐 70년 동안 연구와 개발이 이루어진 성격유형검사로서, 사람을 4가지 척도에 근거하여 16가지 성격유형으로 분류하고 있습니다. 16가지 성격유형은 개인의 성격유형을 보여줄 뿐만 아니라 리더로서의 특성과 효과성을 발휘하는데 있어서 각 개인의 강점과 약점을 보여주기 때문에, 성격유형과 리더십의 연관관계에 대한 이해는 목회자 개인 뿐만 아니라 목회현장에서도 대단히

중요한 의미를 갖고 있습니다.

MBTI와 목회자 리더십의 관계

MBTI 16가지 성격유형은 나 자신과 다른 사람을 이해할 수 있는 넓은 아량을 제공해주기 때문에, 자신의 성격유형을 알고 또한 다른 사람의 성격유형을 파악하고서, 이것을 목회에 적용하게 되면 목회자는 자신과 다른 반응과 행동을 보이는 사람들을 대하면서 불필요한 오해와 갈등을 넘어선 목회를 할 수 있습니다.

각 사람은 자신이 알던 모르던 자신의 성격유형별 특성에 따라서 다르게 반응할 수 있다는 사실을 알게 되면, 서로의 성격이나 기질에 대한 이해 때문에 불필요한 오해나 갈등을 사전에 차단할 수가 있습니다. 이러한 이해가 생기게 되면, 오히려 서로를 존중하면서 나와는 다른 관점에서 상황을 보게 되면서, 더 나은 해결책을 찾아낼 수 있을 것입니다.

MBTI와 교회개척의 관계

목회자의 개인 성격 유형을 볼 때, E형(외향형) 목회자는 신체적으로 활동하는 것을 좋아하며, 책상에 앉아 있기 보다는 사람들을 찾아가 만나 고충을 들어주고 해결하는 것을 선호합니다. 반면 I형(내향형) 목회자는 외부 활동 보다는 교회 행정이나 경영에서 탁월한 능력을 발휘하며, 골방에서 기도하고 내적으로 영성을 심화시키는 것을 선호합니다. 그러므로 이러한 개인성격 유형에 대한 충분한 이해 없이, 열정만으로 교회개척에 뛰어들게 되면 감당할 수 없이 힘든 역경을 맞이할 수 있습니다.

무엇보다 교회 목회자는 자신의 성격유형을 알고서, 자신의 강점과 약점을 온전히 이해할 필요가 있습니다. 뿐만 아니라 자신의 강점은 살리고 약점은 보완하는 지혜를 발휘할 수 있으며, 이를 목회 리더십과 목회현장에 적용할 수 있습니다. 뿐만 아니라 교회개척과 개척교회에 적합한 개인 성격유형이 있고, 좀 더 안정적인 목회 환경에서 개인 영성을 심화시키면서 목회하는데 적합한 성격유형이 있기 때문에, 이에 대한 충분한 이해가 선행되어야만 합니다.

MBTI와 동역자 선택

이러한 개인 성격유형에 대한 이해는 교회를 개척할 때, 어떤 개인 성격유형을 가진 동역자를 선택하고 또한 파트너로 삼아야 하는지에 대한 지혜를 줄 것입니다. 자신의 강점은 더욱 빛나게 하고, 자신의 약점은 보완해줄 수 있는 목회자와 협력하게 된다면 시너지 효과를 낼 수 있을 것입니다. 그렇다면 상호보완이 되도록 교회개척 목회자의 은사와 개인 성격유형과 아울러 동역자의 은사와 개인 성격유형이 충분히 고려되어야 합니다.

MBTI 16가지 성격유형은 나 자신의 성격유형과 다른 사람의 성격유형의 차이점을 이해하고, 이러한 이해와 통찰력을 목회에 적용하게 되면 목회자의 개인 성격유형이 리더십 자질과 연결되면서 시너지 효과를 낼 수 있습니다. 그러므로 자신의 성격유형을 온전히 파악하고 또한 교회개척에 필수적인 6가지 리더십 자질을 더욱 계발하게 되면 교회개척에 엄청난 원동력을 얻을 수 있을 것입니다.

그러므로 교회개척의 소명을 받았거나, 아니면 교회개척을 마음에 품은 목회자는 기본적으로 자신의 MBTI 성격유형을 온전히 이해하고, 장점은 더욱 강화시키고 또한 약점은 보완할 필요가 있습니다. 이에 더하여 개척교회의 효과적인 성장에 필수적인 리더십을 온전히 숙지하고 또한 자신에게 부족한 리더십 자질을 보완하고 또 장점은 더욱 계발하게 되면, 교회개척은 때를 따라 돕는 하나님의 은혜를 통해서 순탄하게 진행되어 가게 될 것입니다.

나가면서

　만일 교회개척의 소명을 받았다면, 서두르지 말고, 교회개척의 소명을 이룰 수 있는 리더십 자질을 더욱 계발하는데 충분한 시간을 가지시길 바랍니다. 교회개척의 시작의 절반은 영적 리더십이란 사실을 마음에 새기고, 성령님께서 영력을 부어주실 수 있는 목회자로서 충분히 준비될 수 있기를 바랍니다. 아울러 목회자 개인의 성격 유형과 목회자의 리더십 사이의 관계를 잘 이해하고, 개인의 성격유형과 리더십 간의 시너지 효과를 제고함으로써 교회개척을 통한 하나님 나라의 확장이라는 위대한 소명을 성취하는 쾌거를 이룰 수 있기를 바랍니다.

　아무쪼록 이 책이 교회개척을 꿈꾸는 목회자 또는 목회자 후보자들에게 교회개척의 꿈과 희망을 불어넣어줄 뿐만 아니라, 현재 교회개척의 힘들고 버거운 환경에서 고군분투하는 목회자들에게도 한 줄기 빛이 되길 바랍니다. 이로써 교회개척이라는 위대한 사명에 한발 더 가까이 나아가게 해주는 하나의 로드맵을 발견하는 큰 기쁨을 안겨드리기를 기도합니다.

　　　　교회 개척을 통한 하나님 나라의 확장을 함께 꿈꾸길 바라며
　　　　　　　　　　　　　　　　　　　이종수

제 1 장 서론,
교회개척이란 무엇인가?

교회개척은 하나님의 명령이며 (마 28:19-20), 신약시대 성령의 운동력 있는 역사다 (행 13:1-3). 하나님께서는 복음의 불모지에 복음의 빛을 비추시고 (마 4:16), 큰 구원의 능력으로 영혼들을 구원하셔서, 하나님을 경배할 뿐만 아니라 죄인을 불러 구원하시는 구주 하나님을 선포할 신앙공동체를 이루는 일을 기뻐하신다. 이렇게 교회개척의 역사는 우리 주님이 영광의 왕으로 오실 때까지 계속될 것이며, 또한 계속되어야 한다. 따라서 개척교회는 새로운 지역으로 가서, 복음을 전하고, 잃어버린 영혼을 구원하며, 새롭게 믿게 된 영혼들에게 침례를 주고, 제자 훈련을 시킴으로써 영적으로 어린 성도들을 보다 성숙한 성도들로 양육해야 하는 특수한 상황에 처해 있는 교회다.[1]

초대교회의 개척과 성장 원리를 연구하여 현대교회에도 적용하는 길을 열어준 타운즈 (Elmer Towns)는 교회개척을 참으로 장엄하게 정의하기를, "새로운 교회를 세우는 것은 새로운 지역에 복음을 가지고 나아가, 그 지역의 모든 사람들에게 복음을 증거할 수 있다는 것을 의미한다. … 새로운 지역을 복음으로 흠뻑 적시는 것이다"[2]라고 주장했다. 물론 개척교회에서 전도가 가장 최우선적인 요소이긴 하지만, 그럼에도 사람들이 회심하는 것 자체만으로 멈추어선 안된다. 복음전도에 있어서 교회 개척의 가치를 역설했던 선교학자인 핫지 (Melvin L. Hodges)는 이처럼 전도와 교회개척의 관계를 이렇게 설명했다.

개교회는 그 지역사회에 대한 그리스도의 몸의 표현이며 구원받지 못한 사람들에게 증거하는 하나님의 전도 대행기관이다. 전도자는 회심하는 사람들을 일으키는 것으로만 만족해서는 안된다. 전도자는 교회를 설립함으로써 그 교회가 세상 사람들에게 전도활동을 하도록 격려하고 하나님의 뜻과 목적을 나타내도록 도와야 한다. 전도의 과업은 개교회가 설립되기 전까지는 완성된 것이 아니다.[3]

그러므로 교회 개척자는 단순히 영혼이 구원을 받는 것을 최종 목표로 삼는 것이 아니라, 모든 성도가 그리스도의 몸의 지체로서 유기적으로 상호작용하면서 하나님을 예배하며 전도활동에 참여하는 그리스도의 몸된 교회를 세우는데 초점을 맞추어야 한다. 미국 새들백교회를 개척하여 대형교회로 성장시킨 워렌 (Rick Warren)은 "목적이 있고 초점이 맞춰진 삶만큼 강력한 것은 없다. 성령의 능력을 힘입어 하나님의 손에서 받은 목적이 이끄는 삶을 살 때, 하나님의 선한 뜻을 능력 있게 감당할 수 있는 것이다"4라고 말했다. 따라서 교회 개척자는 이처럼 그리스도의 몸된 교회를 세우려는 열망과 목표를 가지고 새로운 지역에 가서, 집집마다 전도지와 전도책자를 돌리기도 하고 또 길거리에서 만나는 사람들에게 간단한 복음제시와 더불어 전도책자를 전달하는 일을 해야 하며,5 교회 앞에 복음의 말씀을 소개하는 현수막이나 배너 등을 설치하여 지나다니는 사람들이 하나님의 은혜를 통한 구원의 말씀을 접할 수 있게 해야 한다. 한 영혼이라도 구령하고자 하는 거룩한 열망을 품고서 이렇게 전도의 일을 하다 보면, 교회 개척자는 새로운 신자를 얻을 수 있을 뿐만 아니라, 이러 저러한 이유로 교회를 떠나서 교회생활을 중단한 사람들을 만날 수 있다.

외형 성장제일주의에 입각한 교회개척 패러다임에서 벗어나 건강한 교회개척 방안을 연구한 이성광은 동일한 맥락에서 이렇게 교회생활을 중단한 사람들의 신앙을 다시 회복시킬 수만 있다면, 함께 교회 공동체를 이룸으로써 개척교회의 새로운 전기를 이룰 수 있음을 강조했다.6 한편 교회 성장학자인 맬퍼스 (Aubrey Malphurs)는 교회개척과 관련해서 의미심장한 말을 하기를, "교회 개척은 쉽지 않다. 그것은 피곤한 일이다. 하지만, 교회 개척자들이 심은 대로 거둔다는 점에서 교회개척 또한 다른 사역과 다를 바가 없다. 그들이 열심히 일하면 사역은 풍성한 열매를 맺고, 느긋하게 일하면 사역이 지지부진하다가 결국은 죽게 된다"[7]라고 했다.

그러므로 새로운 지역에 가서 교회를 개척하고, 이렇게 개척된 교회를 목회하는 목회자는 무엇보다 영적인 리더십이 요구된다. 이미 탄탄하게 세워진 지역교회와는 달리 개척교회의 목회자들에겐 더욱 특별한 영적인 리더십이 필요하다.[8] 기존에 이미 잘 세워진 교회는 하나님의 양무리를 안정되게, 평안하게 이끌 수 있는 리더십이 필요하다면, 개척교회는 하나님의 영혼구령의 명령을 이뤄드리려는 강력한 추진력을 갖춘 리더십이 필요하다.

개척교회의 목회자는 새로운 사람들에게 구원의 복음을 전해 영혼을 구령하고, 회심시키고, 거듭나게 하는 실제적인 영력이 필요할 뿐만 아니라 이렇게 영혼구원의 복음을 듣고 믿음으로써 새로이 구원받게 된 새신자들을 가르치고 양육하고 제자훈련을 시킬 수 있는 영적인 은사가 필요하다. 뿐만 아니라, 개척교회에는 오랜 동안 교회를 떠나 방황하다가 하나님의 인도하심과 성령의 감동으로 새로이 교회에 나오게 됨으로써 함께 개척교회를 이루는 일도 있는데, 이 경우 오랜 동안 신앙의 정체기에 있던 성도들의 신앙을 회복시키고, 그리스도를 향한 처음 사랑을 다시금 불러일으키는 일이 필요하다.

목회의 영역은 넓고 다양하지만, 기존에 모든 것이 잘 확립된 안정된 교회에서 목회하는 목회자의 리더십과 개척교회 상황에서의 개척교회를 일이키는 리더십은 다를 수밖에 없다. 안정된 상황에서 목회를 하려면 온유하고, 부드럽고, 차분한 성품이나 섬기는 종의 리더십이 절대적으로 필요하다. 하지만 개척교회 상황에서 그런 리더십은 온실 속 화초가 같아서, 개척교회 상황이라는 힘난한 기후변화와 예상치 못한 상황에 노출되어 있는 목회 현실을 감당하지 못할 수가 있다.9 아무래도 개척교회 목회자는 믿는 성도보다는 믿지 않는 영혼들을 자주 만나서 교제하고, 복음으로 도전하기도 하고, 어려운 상황을 함께 해결해주기도 해야 하기 때문에, 이런 상황에 대한 영적, 성품적, 기질적, 은사적 준비없이 뛰어들게 된다면, 예상치 못한 큰 장벽 앞에 좌절하고 무너질 수밖에 없다.

교회개척은 결코 꿈만으로는 이뤄질 수 없는 대사명이다. 교회개척에 필요한 자질이나 리더십에 적합하지 못한 목회자가 자신의 성품, 성격, 특성에 대한 충분한 검토없이 교회개척에 뛰어든다면, 그에 따르는 고통은 고스란히 목회자 자신과 아내와 자녀들이 감내할 수밖에 없다. 개척교회의 목회현실과 현장에 대해서 심층적으로 연구한 최상영은 개척교회 목회자들이 하나님의 부르심을 받았다는 이유만으로 충분한 준비 없이 교회 개척에 뛰어들었다가 오랜 세월 동안 겪을 수 있는 회의와 자괴감, 무력감과 불안감, 그리고 경제적인 어려움과 고통을 겪었던 사례를 이렇게 소개하고 있다.

> 교회 상가 임대료가 크다 보니 임대료 맞추는 것이 스트레스예요. … 나는 돈이 없으면 없는 대로 간장이라도 찍어 먹고 살면 되는데, 아내는 가정 살림을 이끌어 나가는데 돈이 없으면 카드로 사용하는 거예요. … 하나님이 광야에서 만나를 주신 것처럼 매일매일 만나를 주신다면 믿고 살겠지만 그 만나가 언제 끊어질지는 아무도 몰라요! 이것은 내 수고에 따라서 들어오는 것이 아니기 때문에 염려하지 말라고 해도 염려할 수밖에 없고 … 이게 무슨 하루살이처럼 사는 것도 아니고 누군가가 안 보내주면 끝나는 것이거든요.[10]

교회개척은 하나님의 지상대명령이긴 하지만, 개인의 소명만으로는 이룰 수 없는 요소가 많이 있다. 하나님의 부르심이 최우선적인 것이긴 하지만, 그럼에도 개인의 소명, 개인의 은사, 개인적인 리더십 자질과 역량, 그리고 개인의 성격유형 등을 충분히 이해하고 고려할 필요가 있으며, 이러한 개인적인 준비 뿐만 아니라 가족 전체의 준비도 필요하다. 가능하다면 경제적인 준비까지 갖출 수 있으면 더욱 좋다. 뿐만 아니라 교회개척이 반드시 소명자 홀로 짊어져야 하는 짐도 아니다. 교회개척은 파송교회와 더불어 짊어져야 하는 하나님의 숭고한 사명이다 (행 13:1-3). 따라서 파송교회의 직접적이고 간접적인 도움과 후원을 받아야 하며, 이러한 도움은 영적이고 재정적으로 독립할 수 있을 때까지 충분히 받을 수 있어야 한다.

대형 교회의 한 교구나 성경공부 그룹을 담당하면서 단독 목회를 해보고 싶다는 열망 때문에 이러한 충분한 준비와 대책 없이 개척목회로 뛰어든다거나, 오랜 동안 교회개척을 꿈꾸어 왔던 차에 담임 목회자와의 갈등과 불화를 계기로 교회개척의 지난한 환경 속으로 뛰어드는 일은 없어야 한다. 개척교회 목회자들의 시련과 고난의 삶을 매우 실제적으로 연구한 최상영은 자신의 논문에서, 그저 설교하고 전도만 하면 다 되는 줄 알고 교회개척에 뛰어들었다가 크나큰 고통을 겪었던 어느 개척교회 목회자의 사례를 소개하고 있다.[11] 교회개척은 그야말로 십자가의 시간을 견뎌 내야 하는 고되고도 험난한 길이다. 뿐만 아니라 교회개척은 나의 교회를 세우는 것이 아니라 그리스도의 교회를 세우고, 그리스도의 몸을 세우는 거룩한 역사다 (엡 4:12).

그러므로 자신의 개인성격 유형을 알고 강점을 강화하고 또 약점을 보완하며, 교회개척에 꼭 필요한 리더십을 갖춘다면, 자신이 가장 잘 할 수 있는 영역과 분야에서 하나님을 섬길 수 있을 것이고, 또한 교회개척이라는 지상대명령을 완수해냄으로써 하나님께 영광을 돌릴 수 있을 것이다. 따라서 개척교회의 효과적인 성장을 위한 목회자 리더십과 성격유형 (MBTI) 간의 관계를 다루고 있는 본서는 교회개척을 준비하는 목회자나, 또는 현재 교회개척 상황에 있는 목회자에게 훌륭한 안내서가 되어줄 것이다.

선행연구

학술연구정보서비스 (RISS)[12]에서 검색해본 결과 '목회자 리더십'에 대한 논문은 516개로 검색되었다. 그 논문 중 석사 논문은 357건, 박사 논문은 159건이었다. 그리고 '개척교회 목회자 리더십'에 대한 논문은 60개로 검색되었고, 석사 논문은 39건, 박사 논문은 21건이었다. 또한 '개척교회 목회자 성격유형'에 대한 논문은 8개로 검색되었고, 그 논문 중 석사 논문은 3건, 박사 논문은 5건이었다.[13]

그간 교회개척의 성경적 원리와 실제, 개척 교회의 성장전략에 대한 다양한 연구가 진행되었고, 나름 좋은 성과도 있었으며, 그런 결과를 반영하듯 한국교회는 고도의 성장을 이룰 수 있었다. 하지만 한국교회의 폭발적인 성장의 그림자 속에는 헤아릴 수 없이 많은 작은 교회들이 빛도 보지 못하고 사라져 가기도 했다. 이러한 원인들을 나름 분석하고서, 단순히 교회개척이 아니라 건강한 교회를 세우자는 운동이 일어나기도 했다. 그리하여 성경적인 교회, 건강한 교회, 작지만 아름다운 교회를 세우려는 많은 연구들이 진행되어 왔다.

이에 교회개척의 성장전략과 그 원리를 연구한 이해성은 교회개척은 값비싼 비용과 건축 기술에 의해서 세우고 또 그저 교회라는 간판을 내건 건물을 짓는 것이 아니라 교회의 정체성과 본질을 바로 알고 하나님 나라의 성장원리를 따라서 진행되어 가야 하는 것임을 밝혔다.[14] 뿐만 아니라 한국 교회가 가지고 있는 건물 중심의 전통적 교회개척 방식의 폐해와 이에 대한 새로운 교회개척의 대안을 연구한 송민우는 교회 개척에 있어서 목회자의 자질이 개척 교회의 직접적인 성패를 좌우하기 때문에 성경적인 영성을 가지고 하나님 중심의 개척과 목회를 해 나가야 한다고 말했으며, 그렇지 않다면 사람의 숫자만 늘이는 데 급급한 나머지, 진정한 그리스도의 제자를 낳는 일은 실패할 수밖에 없음을 강조했다.[15]

교회개척과 목회자 리더십의 관계를 연구한 박근수 또한 개척교회 목회자의 리더십이 개척교회 상황에서 얼마나 많은 영향을 주는지를 연구했으며, 교회성장에 핵심적인 요인임을 밝혔다.[16] 그리고 목회자 리더십 유형별 형태와 리더십 유형을 통한 교회 활성화 방안을 연구한 김재환은 특별히 지역교회의 상황을 고려하여 목회자 리더십의 유형과 지역교회의 성장에 대해서 연구했으며, 목회자의 리더십 유형을 지역교회 성장의 사활이 걸린 문제로 보았다.[17] 마찬가지로 윤리적 리더십과 서번트 리더십을 교회성장의 핵심으로 본 김호는 목회자의 리더십 유형과 교회성장과의 관계를 연구하였고, 목회자의 윤리적 리더십과 서번트 리더십이 교회성장에 어떠한 영향을 미치는지를 제시하였

다.[18]

한편 리더십과 MBTI간의 상관관계에 대한 연구도 진행되어 왔으며, 리더의 개인적 성격유형이 리더가 속해 있는 기관 또는 조직체에 미치는 연구들이 있어왔다. 예를 들자면, 장현재는 민간기업 관리자들의 변혁적 및 거래적 리더십의 효과를 MBTI성격유형과의 상관관계를 분석하는 연구를 했다.[19] 그리고 이용수는 목회자들의 설교문을 분석하고 또 MBTI 검사를 통해서 개인의 성격유형과 설교와의 상관관계를 연구하였다.[20] 뿐만 아니라 김영은 각 개인의 성격유형별 영성유형의 상관관계를 찾아내어, 각 개인에게 맞는 기도방법과 영적 성장을 위한 방법을 제시했다.[21]

지금까지의 선행연구를 살펴보면, 목회자의 리더십이 지역교회 성장에 미치는 영향에 대한 연구가 진행되어 왔으며, 특별히 개척교회 상황 아래서 목회자 리더십이 교회성장에 미치는 영향에 대해서도 연구가 진행되어 왔다. 뿐만 아니라 MBTI를 이용하여 개인별 성격 유형에 따른 리더십에 대한 연구도 진행되었으나, 주로 기업이나 군대 조직에 활용하여 직무만족과 직무성과를 제고하고 또한 관리자의 수행성과 등을 향상시키는 사례들에 대한 연구가 있었다. 하지만 MBTI와 목회자의 리더십 간의 연구는 제한적으로만 이루어져 왔으며, 종합적인 연구가 이루어지지 않고 있다. 한 개인의 성격 유형과 목회자의 리더십

사이의 관계를 조명하고, 특별히 개척교회라는 특수한 상황에 처한 목회자의 리더십 특성과의 관계를 통해서 교회성장에 기여할 수 있는지를 연구한 사례는 없었다.

그러므로 본서의 가치는 목회자의 리더십과 성격유형이 개척교회 상황에 어떻게 작용하고 있으며, 개척교회 상황에 잘 맞는 리더십 유형을 제시하는데 큰 의의가 있다. 뿐만 아니라 본서에서는 한 개인의 성격 유형을 측정하는데 있어서 유용한 도구로 인정받고 있는 MBTI를 이용하여 목회자 개인의 성격적인 차원에서 리더십에 대한 연구를 진행할 것이며, 이러한 연구를 종합해서 교회개척 상황에서 개척교회의 효과적인 성장을 위한 성경적 목회자 리더십 자질이 무엇인지를 도출해 내는데 그 가치를 둘 수 있다.

본서를 통해서 교회개척을 염두에 두고서 하나님의 뜻을 분별하는 중에 있는 목회자나 아니면 이미 교회개척에 들어갔으나 무언가 막힌 듯한 힘든 상황 속에서 돌파구를 찾고자 하는 목회자나, 아니면 이미 교회개척이 하나님의 도우심과 권능 가운데 잘 진행되고 있는 목회자에게도 다음 단계로 나아갈 수 있는 로드맵을 얻을 수 있을 것이다.

그러므로 본서에서 기존 논문과의 다른 점이 있다면, 목회자 리더십의 유형과 교회성장과의 관계 뿐만 아니라 목회자 개인의 성격 유형

(MBTI)과 교회성장과의 관계를 분석할 것이며, 이를 통해서 과연 개척교회에 잘 맞는 목회자의 리더십 유형은 무엇이며 또한 개인의 성격 유형은 무엇인가를 조명하고 분석함으로써, 어떤 목회자 리더십과 성격 유형이 개척교회의 성장을 이루는데 가장 적합한가를 다루고자 한다. 이러한 면을 볼 때 본서는 다른 연구와는 분명히 다른 차별화된 독창성이 있으며 또한 학문적 가치가 있다고 사료된다.

연구 목적과 연구 의의

본서는 개척교회의 효과적인 성장을 위한 성경적 목회자의 리더십 자질과 MBTI 성격유형과의 관계를 연구하는 것을 목적으로 삼고 있다. 이에 우선적으로 목회자 리더십에 대한 개념적 이해와 성경적 이해가 요구된다. 리더십은 폭넓은 스펙트럼을 가지고 있기에, 교회와 목회 현장에 대한 이해와 그 현장에 걸맞는 리더십에 대한 이해가 필요하고 또한 1) 안정성장형교회 리더십과 2) 개척교회형교회 리더십의 차이점도 이해할 필요가 있다.[22]

본서는 개척교회라는 특수한 상황 하에서 가장 적합한 리더십 자질이 무엇인가에 대한 주제를 다루고 있기 때문에, 개척교회형교회의 리더십에 포커스를 둔 연구를 진행할 것이다. 개척교회 초기엔 교회 예배당 문을 열어놓고 기다리기 보다는, 잃어버린 영혼을 찾아 나서는 영혼 구령 활동이 절대적으로 요구된다. 개척교회는 사실 전도 중심적 교회다. 전도 중심적 교회란 사람들을 교회 건물과 행사에 데려오는 것에 초점을 둔 교회가 아니라 오히려 그리스도인을 교회 밖 세상 속으로 보내 사람들을 복음화하는 교회다.[23]

이를 위해선 목회자 자신이 철저히 영혼 구령자의 역할과 소임을 솔선수범해야 할 뿐만 아니라 성도들을 영혼 구령자로 훈련시켜 하나님의 나라의 전령으로 내보내는 리더십이 필요하다. 이러한 특징 때문에 어느 정도 기반과 토대가 놓인 안정적인 교회는 관리적이고 행정적인 리더십이 필요하다면, 개척교회에는 상황에 따라 과감한 변형과 응용의 리더십이 필요한 것이다. 그러므로 개척교회의 특수 상황과 변화하는 상황에 따른 임기응변식 리더십 운영이 체질적으로 잘 맞는 목회자가 있는 반면, 그런 것을 감당하기 어려워하는 성향의 목회자가 있다.

그러므로 MBTI 성격유형 이론과 목회자 리더십의 관계를 이해할 필요가 있으며, 이러한 성격유형 검사를 통해서 자신의 성격유형을 파악할 때 힘들고 고된 개척교회의 상황 속에 뛰어들어 자신 뿐만 아니라 가족까지 고통을 당하다가 개척교회를 접는 일을 사전에 예방할 수 있다. 교회개척은 꿈만으로 이루어질 수 없는, 오랜 시간과 세월 동안 하나님의 소명과 뜻을 부여잡고 고뇌하면서 살아가야 하는 긴 여정이기 때문이다.

그러므로 MBTI 성격유형과 목회자 리더십의 상호관계를 충분히 이해하고, 이를 목회 현장에 적용하는 일은 목회자 자신과 교회성장에 지대한 영향을 미칠 수밖에 없다. 이러한 전도 중심적 교회 또는 선교적 교회라는 특수 상황을 이해하고, 이에 가장 적합한 목회자 리더십에 대한 연구를 진행할 것이다.

본서는 아래와 같은 세 가지 질문의 답을 얻고자 한다.
(1) 목회자 리더십이란 무엇인가?
(2) 개척교회 상황에서 요구되는 목회자 리더십은 무엇인가?
(3) MBTI 성격유형과 목회자 리더십은 어떤 관계가 있으며, 개척교회형교회 목회자의 리더십에 어울리는 성격유형은 무엇인가?

첫 번째 질문에 답하기 위해서 일반 기업이나 조직의 리더십과 목회자의 리더십 이론의 공통점과 차이점에 대한 연구를 진행할 것이다. 목회자의 리더십이라고 해서 일반 조직의 리더십과 완전히 다른 것이 아니다. 리더는 리더이기 때문에, 목회자 또한 리더십 기술을 배우고 훈련할 필요가 있다.

동일한 맥락에서 세계적인 리더십 전문가인 맥스웰 (John C.

Maxwell)은 "리더십은 타고나는 것이 아니라, 후천적으로 습득되는 것"[24]이라고 했다. 그러므로 개척교회의 목회자는 교회개척에 뛰어들기 전에 절대적으로 필요한 리더십을 배우고 익힘으로써, 개척교회의 상황에 알맞은 영적이면서도 강력한 리더십을 갖출 수 있다. 그렇다면 잘 준비된 리더가 세상을 바꾸는 법이다. 목회자 리더십 또한 잘 배우고 훈련할수록 잘 준비된 리더로 나타날 것이고, 잘 배우고 훈련한 만큼 교회 성장에 엄청난 기여를 하게 될 것이다.

두 번째 질문에 대해선, 안정성장형교회의 리더십과 개척교회형교회의 리더십의 공통점과 차이점에 대한 연구를 진행할 것이다. 안정적인 교회환경 하에 사역하는 목회자의 리더십은 행정과 관리적인 리더십이 필요하다. 사랑의 리더십, 종으로 섬기는 리더십, 심방과 교육에 전념하는 목자 리더십 등이 요구될 것이다. 반면 개척교회라는 특수한 환경과 조건에 사역하는 목회자의 리더십은 시시각각 변화하는 환경에 능동적으로 대처할 수 있는 창조적이고 변혁적이며, 임기응변적인 리더십이 요구된다. 한 번도 걸어가보지 못한 길을 앞서 가야 하며, 동역자와 새로운 신자들을 강력하게 이끌 수 있는 카리스마 리더십도 필요하다. 모든 목회자가 이러한 환경과 상황을 잘 감당할 수 있는 것은 아니기 때문에, 이런 상황에 대비한 충분한 훈련과 연단이 되지 않으면 감당할 수 없을 것이다.

세 번째 질문에 대해선, MBTI 16가지 성격유형과 목회자 리더십 간에 연관성을 파악하고자 한다. MBTI 16가지 성격유형은 각 유형별로 장점과 약점이 공존하기 때문에, 개척교회 목회자는 자신의 성격유형의 장점은 살리고 약점은 보완할 뿐만 아니라 교회개척에 필수적인 리더십 자질을 향상시킴으로써 상호간의 시너지 효과를 낼 수 있어야 한다. 예를 들어 MBTI성격유형상 사람과의 접촉이나 사귐을 힘들어하는 유형이 있는데, 이러한 성격유형은 개척교회 상황엔 합당하지 않다. 그러므로 목회자는 자신이 외향적인지 아니면 내향적인지, 감각적 인지를 하는지 아니면 직관적 인지를 하는지, 사고적 판단을 하는지 아니면 감정적 판단을 하는지, 외부환경의 변화에 대처할 때 판단적 태도를 취하는지 아니면 인식적 태도를 취하는지를 사전에 알고, 교회개척에 들어가기에 앞서 자신의 성격유형을 개척교회에 합당한 성격유형으로 계발할 필요가 있다.

이러한 객관적인 판단기준을 통해서, 안정성장형교회에서 사역하는 것이 더 효율적인지, 아니면 좀 더 모험적인 개척교회 상황에서 사역하는 것이 적합한지를 정할 수 있기 때문이다. 자신의 성격유형에 맞는 사역현장에서 섬길 때, 자신이 가진 은사와 달란트가 최대한 발휘될 것이고 또한 교회성장에 지대한 영향을 미치게 될 것이며, 자신의 강점과 약점을 이해하고 있다면 다른 목회자와의 관계에서도 서로 협력하는 분위기와 관계를 형성하게 될 것이다.

본서의 저자는 이 책이 목회자 리더십의 개념과 정의를 확립하고, 개척교회 상황에 맞는 리더십 유형을 밝히며, 개인별 MBTI 성격유형과 개척교회 목회자의 리더십과의 관계를 드러냄으로써 현재 목회 현장에 있는 목회자 뿐만 아니라 향후 교회개척의 꿈을 꾸고 있는 목회자들에게 앞으로 나아가는 길을 제시해줄 수 있는 일종의 로드맵을 제시해줄 것이라고 생각한다.

연구 방법과 연구 절차

본서는 우선적으로 개척교회라는 특수한 상황을 연구할 것이다. 개척교회가 전도중심적인 교회이긴 하지만, 전도중심적인 교회라는 말로 개척교회의 면모를 다 설명할 순 없다. 맨해튼을 비롯해 미국 뉴욕 세 군데 지역에서 약 6천 명의 성도들이 예배드리는 리디머교회를 개척한 켈러 (Timothy Keller)가 말한 대로, "선교적 교회는 전도적인 성격을 넘어서는 훨씬 그 이상의 교회"[25]이며, 교회의 모든 구성원들이 "그들의 초점을 외부로 향하고 지역 사회의 필요에 의해서"[26] 접근하며, 그 지역의 비신자들을 기독교적 성품과 매력적인 삶으로 교회 공동체 안으로 끌어들일 수 있는 흡인력을 가진 교회[27]이기 때문에 개척교회의 본질을 선교적 교회로 볼 필요가 있다. 이러한 선교적 교회라는 특별한 상황 때문에, 개척교회는 특별한 리더십이 요구된다.

맬퍼스는 모든 생물은 본질적으로 삶의 주기 패턴이 있으며, 교회도 예외없이 출생-성장-정체-쇠퇴-죽음의 과정을 거친다고 했다.[28] 그러므로 교회의 성장 단계에 따른 리더십의 변화도 고려해야 한다. 교회 또한 다른 공동체와 동일하게 성장 주기별로 적합한 리더십이 있다. 왜냐하면 교회도 설립단계, 성장단계, 성숙단계, 쇠퇴단계의 과정을 거치기 때문이다. 이러한 교회의 성장단계를 감안해볼 때, 교회에 필요한 리더십은 교회의 성장 단계별로 적합한 리더십이 크게 요구된다. 그러므로 교회의 설립단계별 리더십의 특징과 각 단계별로 합당한 목회 리더십이 보강될 때, 교회는 크게 성장할 수 있다. 그러므로 본서는 교회성장단계별 리더십 이론을 각종 리더십 서적 및 연구 논문 등을 종합적으로 연구하고, 이를 통해서 교회개척에 가장 적합한 리더십 유형을 살펴볼 것이다.

두 번째, 본서는 한 사람의 성격 유형을 측정하는데 있어서 매우 유용한 도구로 인정받고 있는 MBTI (Myers-Briggs Type Indicator)를 이용하여 성격적인 차원에서 리더십에 대한 연구를 할 것이다. MBTI는 인간의 성격유형을 4가지의 선호지표 즉 외향 (extraversion; E) 대 내향 (introversion; I), 감각 (sensing; S) 대 직관 (intuition; N), 사고 (thinking; T) 대 감정 (feeling; F), 그리고 판단 (judging: J) 대 인식 (perceiving; P)으로 구분하고, 이들 선호경향을 조합하여 MBTI 16가지 성격유형으로 나타내고 있다.[29]

그러므로 교회의 목회현장에 있는 목회자들 가운데 이미 자립되어 안정적으로 성장하는 교회 목회자들과 새로 개척한 교회 목회자들을 대상으로, MBTI Form M30 유형의 자가채점용 검사지를 통해서 해당 목회자들의 성격 유형을 검사할 것이다. 이를 통해서 안정성장형교회 목회자와 개척교회형 목회자의 공통적인 성격 유형과 서로 다른 성격 유형을 분석해봄으로써, 첫째 개척교회의 목회자들은 어떤 성격유형이 많은지를 MBTI 검사를 통해서 알아볼 것이며, 둘째 MBTI 성격유형과 교회개척에 가장 효율적인 목회자의 성격유형 간에 어떠한 관계가 있는지를 조사할 것이다. 아울러 목회자 기본 정보 설문지를 통해서 목회자 개인의 MBTI 성격유형과 목회자의 목회 성향과 만족도를 대차 비교 분석할 것이다.

따라서 본서는 다음과 같이 전개하고자 한다. 제1장은 서론으로 개척교회라는 특수성에 대한 이해와 이러한 특별한 상황에서 가장 적합한 리더십의 필요성과 논문의 목적과 의의, 그리고 연구 방법과 연구 절차를 약술하였다. 제2장은 리더십에 대한 현대적 시각과 교회라는 환경에 필요한 영적인 리더십의 특징을 살펴보고, 목회자 리더십에 대한 성경적인 이해를 살펴볼 것이다. 제3장은 교회 상황별 목회자 리더십의 특징을 살펴보고, 안정성장형교회의 리더십과 개척교회형교회의 리더십의 차이점을 살펴볼 것이다. 제4장은 MBTI의 이론적 배경과 개척교회의 효과적인 성장을 위한 목회자 리더십과 성격유형(MBTI) 간의 관계를 살펴볼 것이다. 제5장은* 결론으로서 본서의 내용을 요약하고, 미래 연구를 위한 몇 가지 제언을 하고자 한다.

---

* 본 논문의 제5장은 본 논문의 연구를 위한 설문조사와 그에 대한 결과 분석을 소개하고 있지만, 본서에서는 지면상 부득이 생략했습니다. 그리고 제6장의 결론을 제5장으로 편집하게 되었습니다. 본 논문의 제5장의 내용을 참고하길 원하시면, 다음 이메일 주소로 문의해주시기 바랍니다. 본 논문을 PDF 파일로 보내드리겠습니다. asharp@empas.com

제2장 목회자 리더십에 대한 이해

　본 장에서는 목회자 리더십에 대한 개념적 이해와 성경적 이해를 살펴보고자 한다. 리더십은 한 마디로 정의될 수 없는 다양한 측면을 가지고 있으며, 리더십이 기업이나 조직에 활용되느냐 아니면 교회에 활용되느냐에 따라서 리더십의 목표가 다를 수 있다. 따라서 일반적인 개념의 리더십에 대한 정의와 유형별 이론을 살펴보고, 성경적인 측면에서 리더십의 특징을 살펴보고자 한다.

　이제 목회자 리더십이란 무엇인가에 대한 개념적 이해를 살펴볼 것이다. 먼저 리더십이란 무엇인가에 대한 정의를 밝히고자 한다. 그리고 리더십의 중요성과 리더십의 유형에는 어떤 것이 있는지를 살펴보고자 한다.

리더십의 정의

세계적인 리더십 전문가인 맥스웰은 "리더십 역량은 언제나 개인이나 조직의 성공 한계를 결정한다"[31]는 말을 했다. 리더십이 강하면 조직이나 기업이 살고, 약하면 죽을 수밖에 없는 것이 불변의 법칙이다. 조직을 이끌어가는 리더가 어떤 리더십을 발휘하느냐에 따라서 그 조직의 운명이 달라진다. 그렇다면 리더십이란 무엇인가? 풀러신학교에서 30년 이상 리더십 교수로 재직하면서 리더십 분야에서 지대한 공헌을 했던 클린톤 (J. Robert Clinton)은 리더십을 "일정기간 동안 자신의 리더십 자원과 특정한 리더십 행위를 통하여 리더가 따르는 자들의 생각과 행동들이 목적의 성취를 향하여 움직이도록 지속적으로 영향을 주는 역동적 과정"[32]이라고 정의를 내렸다.

세계 최고의 리더십 전문가인 버니스 (Warren Bennis)는 동일한 어조로 "리더십은 조직에 비전을 제시하고 그 비전을 현실로 바꾸는 능력을 제공해주는 것이다. 이러한 변화, 그리고 리더와 추종자 사이의 상호작용 없이는 조직의 활력은 생겨나지 않는다"[33]라고 말했다. 한편 성경적 원리에 기초를 둔 리더십을 연구한 황의영은 리더십이란 용어를 참으로 이해하기 쉽게 풀이하면서, "사전에 풀이해 놓은 것을 찾아보면 하나의 명사로서 그 의미는 첫째, 영도력, 통솔력, 둘째, 지휘자의 지위 또는 임무, 셋째, 지도, 통솔 혹은 통제, 넷째, 총칭 지도자들 등으로 대략 표현되어 있다"[34]고 밝히고 있다. 마찬가지로 목회자의 리더십과 교회성장과의 관계를 연구한 문민성은 "리더가 된다는 것은 영향력을 가지고, 그룹원들로 하여금 어떤 상황에서 행동할 수 있도록 이끌어주는 것이다"[35]라고 말했다.

이러한 리더십의 다양한 정의와 특징들을 고려해볼 때, 리더십이란 타고나는 것은 아닌가라는 생각을 하기 쉽다. 왜냐하면 모든 사람이 리더는 아니기 때문이다. 하지만 리더십은 선천적이라는 일반적인 개념과는 다르게, 맥스웰에 따르면, "진정한 리더십은 누군가에 의해서 주어지거나, 지명되거나, 위임받는 것이 아니다. 리더십은 오직 영향력에 의해서만 가능한 것이고, 영향력은 강제할 수 있는 것이 아니다. 리더십은 획득되어야 하는 것이다"[36]라는 말을 했다. 이처럼 리더십은 다른 사람들에게 미치는 영향력이며, 이것은 타고나는 것이라기 보다는 후천적이며, 획득이 가능하며, 학습과 훈련을 통해서 배우고 습득할 수 있는 것이다.

조직이든 교회든 리더십이 바로 서면 발전하고, 그렇지 않으면 쇠퇴할 수밖에 없다. 이러한 리더십의 중요성을 생각해볼 때, 리더십 자질에 대한 충분한 검토나 혹은 리더십 능력을 함양하고 또 계발하지 않고서 교회개척에 뛰어드는 것은 매우 무모한 일일수밖에 없다. 만일 교회개척에 필요한 리더십의 중요한 특성과 핵심을 충분히 파악하고서, 자신의 강점을 강화하고 또 약점을 보완하면서 리더십 능력을 키울 수만 있다면 교회개척이라는 사명을 충분히 감당할 수 있을 것이며, 중도에 포기하는 일도 없을 것이다. 잘 준비된 리더가 좋은 리더이며 또한 위대한 리더다.

이제 리더십에 대한 현대적인 시각을 살펴보고, 목회자에게 중요한 영적인 리더십의 고유한 특성과 핵심이 무엇인지 알아보자. 일반적으로 기업이나 단체에서 통용되는 리더십 개념과 교회에서 필수적인 리더십 사이엔 어느 정도 공통적인 부분도 있지만, 확실히 다른 부분도 있다. 훌륭한 리더와 탁월한 리더십은 현대 사회의 복잡한 구조 속에서도 여전히 많은 사람들의 관심을 끌고 있으며, 그 중요성에 대해선 거의 모든 사람들이 공감하고 있다. 새로운 환경의 변화와 리더에 대한 관념의 변화에 맞춰 리더십도 달라져야 한다[37]는 주장이 있긴 하지만, 그럼에도 불구하고 리더십의 진정한 원리는 시대의 변화와는 상관없이 불변하는 특징도 있다. 코비 리더십센터의 창립자인 리 (Blain Lee)는 지도력의 원칙이란 책에서 리더십에 관한 다양한 현대적 시각을 다음과 같이 소개하고 있는데, 이를 통해서 리더십의 본질을 파악할 수 있다.

화자	정의
포츈(Fortune)이 선정한 500대 기업의 회장	어떤 사람들은 리더십이 다른 사람들이 모든 일을 할 수 있도록 하기 위한 기술이라고 생각한다.
밴스 패커드	리더십이란 해야만 한다고 확신하는 일에 대해서, 다른 사람도 그 일을 하고 싶어 하게 하는 기술이다.
헨리 밀러	실제적인 리더는 지도할 필요가 없다. 그는 방향만을 지시해 줄 뿐이다.
세미나 참석자	우리는 지도해야지 몰아가서는 안 되며, 영감을 주어야지 지배해서는 안된다. 존경의 대상이 되어야지 두려움의 대상이 되어서는 안되며, 반대가 아닌 지지를 획득해야 한다. 이것이 바로 리더십이다.
막스 디프리	리더가 맨 먼저 해야 할 일은 현실을 직시하는 것이고, 마지막으로 해야 할 일은 감사하다고 말하는 것이다. 이 두 가지 일 사이에서 리더는 봉사자이며 채무자이다.
해리 트루먼	리더십은 사람들이 하기 싫어하는 일도 할 수 있게 하고, 그 일을 좋아하게 만들어 주는 능력이다.
조 제이위스키	리더십은 조직의 운명을 발견하고, 그 운명을 따르는 용기를 가지는 것이다.
워런 베니스	리더는 어떤 의도를 현실화하고 그것을 유지해 나가는 사람이다.

〈표 1〉 리더십에 관한 현대적 시각[38]

위와 같은 리더십에 대한 다양한 시각은 결국 리더십의 중요성을 말해준다. 리더는 추종자들에게 조직의 목표를 자신의 운명처럼 받들게 하며, 공동의 목표를 향해 혼신의 힘을 다하도록 함으로써 반드시 목표를 실현시키는 일을 하는 사람이다. 만일 리더가 없다면 또는 리더십이 없다면, 조직이나 기업이나 죽게 되고 소멸하게 된다. 이 점은 교회도 마찬가지다. 한편 1997년 〈홈 라이프〉가 선정한 미국에서 가장 영향력 있는 크리스쳔 10인으로 선정되었던 블랙커비 (Henry Blackaby)는 영적 리더십이란 책에서 다양한 리더십의 정의를 다음과 같이 소개하고 있다.

저자	저서	정의
존 가드너	On Leadership	리더십이란 개인(또는 팀 리더십)이 자신의 목표나 아랫사람과 공유된 목표를 추구하기 위해 설득이나 모본을 통해 한 단체를 유도하는 과정이다.
제임스 맥그리거 번즈	Leadership	리더십은 특정 동기와 목표를 지닌 사람들이 경쟁이나 충돌 상황에서 추종자들의 동기를 유발하고 만족시키기 위해 제도적, 정치적, 심리적 및 기타 자원들을 동원할 때 수행된다.
오스왈드 샌더스	Spiritual Leadership	리더십이란 영향력, 즉 한 사람이 다른 사람들에게 영향을 미치는 능력이다.

조지 바나	Leaders on Leadership	그리스도인 리더란 사람을 이끌도록 하나님께 부름 받은 자(소명), 그리스도인의 성품으로 이끄는 자(성품), 리더십을 위해 기능적 능력을 발휘하는 자(능력)다.
로버트 클린턴	The Making of a Leader	리더십의 핵심 과제는 하나님의 목표를 향해 하나님의 사람들에게 영향을 미치는 것이다.

〈표 2〉 크리스천 리더십에 대한 다양한 정의[39]

그리고 나서 블랙커비는 영적인 리더는 리더십에서 성공하기 위해선 반드시 이해하고 실천해야 할 몇 가지 고유한 특성이 있다고 했다. 이러한 특징들을 열거하면 다음과 같다.

첫째, 영적 리더는 사람들을 움직여 현재의 자리에서 하나님이 원하는 자리로 가게 한다. 둘째, 영적 리더는 성령께 의존한다. 셋째 영적 리더는 하나님께 책임진다. 넷째, 영적 리더는 하나님의 사람들뿐 아니라 불신자에게도 영향을 미친다. 다섯째, 영적 리더는 하나님의 계획에 따라 일한다.[40]

이상의 내용들을 종합해보면, 리더십은 세 가지 요소 간의 역학적 관계의 상호작용으로 볼 수 있다. 즉 리더십은 리더, 추종자(follower), 그리고 목표라는 세 가지 요소 간의 상호작용이 전제되어 있으며, 리더는 추종자에게 구성원 공동의 목표를 제시하고 리더십이란 영향력을 통해서 영감, 격려, 도전, 칭찬 등을 동원하여 목표를 성취하게 하는 힘인 것이다. 영적인 리더십도 이와 크게 다르지 않지만, 영적인 리더십에서 가장 중요한 요소는 단지 리더의 목표가 아니라 하나님의 목표를 구현한다는 점이다. 영적인 리더십의 핵심은 하나님의 계획 또는 목적을 실현해내는데 그 주안점이 있다.

영적인 리더십의 중요성

영적인 리더십을 소망하는 목회자, 곧 하나님의 뜻을 이루고 또한 그리스도의 몸을 세우기 위한 성령의 역사와 인도하심을 따르기를 열망하는 목회자는 분명한 하나님의 목표를 중심으로 삼아야 한다. 그럴 때에만 목회자 자신의 목표나 원대한 뜻이 아니라 하나님의 뜻을 성취하는 리더십이 구현될 수 있다.

목회자이자 또한 여러 기업 및 기관에서 인간관계 및 리더십 관련 특강을 해온 양창삼은 "어느 시대를 막론하고 건강한 리더십은 목표지향적"[41]이라고 설명하면서, 교회 지도자는 그리스도의 파동을 일으켜 하나님의 비전과 교회 목표를 반드시 성취해야 함을 강조했다.[42] 더욱이 목회자의 영적인 리더십과 관련하여 빼놓을 수 없는 것이 있다면 그것은 리더십과 인격의 관계다.

45년간 다수의 미군 교육기관 및 기지에서 군사 리더십에 관해 강의했던 퍼이어 (Edgar F. Puryear, Jr.)는 마셜, 맥아더, 아이젠하워, 패튼 등 네 명의 성공한 군 지휘관들의 리더십을 중심으로, 19명의 미국 군 장성들의 리더십을 분석하고 종합함으로써 참다운 리더십의 의미를 다음과 같이 설명하고 있다.

인격이란 인간 본성의 모든 훌륭한 자질들을 포함하는 개인적 특질이며 인간의 고상한 특질인 것이다. … 미군의 리더십에서 인격은 어떤 역할을 하는가? 라는 질문에 대해서 장군들은 다음과 같이 대답했다. 인격이 없으면 진정한 리더십도 없다. 인격과 리더십은 말과 수레처럼 항시 결합되어 있어야 한다. 인격은 리더십이 형성되는 기초가 된다. 인격은 리더십의 가장 중요한 자질이다. 리더십이 없으면서 인격이 있을 수는 있지만, 인격이 없이는 리더십이 있을 수 없다.[43]

영적인 리더십에서 있어서도 목회자의 인격은 매우 중요하다. 왜냐하면 직책이 주는 권력과 예수님의 인격을 닮은 영성에서 흘러나오는 권위는 차이가 있는 법인데, 이 두 가지를 혼동할 수 있기 때문이다. 그러므로 목회자는 권력이 아니라 권위로 이끌어야 한다. 노동관계 및 컨설팅 훈련기관인 J. D. 헌터 어소시에이트 사(社)의 수석 컨설턴트이며, 특히 리더십 분야에서 인기있는 강사이자 트레이너인 헌터 (James C. Hunter)는 이 둘을 이렇게 구분하고 있다. "권력은 원하지 않는 사람에 대해서도, 자신의 지위 또는 세력을 이용하여 자신의 의지대로 행동하도록 강제 또는 지배하는 능력이라면 권위는 개인의 영향력에 의해 사람들을 기꺼이 자신의 의지대로 행동하게 하는 기술이다."[44] 마찬가지로 인력자원 개발과 훈련에 탁월한 권위를 지닌 국제적인 행동과학자인 허시 (Paul Hersey)는 직책상의 권력과 인격적인 권력을 설명하면서 리더십과 인격의 관계를 설명했다.

직책상의 권력이란 리더가 부하들을 평가하는 것에 있어서 포상, 징계, 인정 등에까지 확장하는 개념이다. … 오늘 직책상의 권력을 가졌다고 내일도 가질 수 있으리라는 보장이 없다. … 인격적 권력이란 당신이 영향력을 행사하려는 사람에게 확신과 신뢰를 받을 수 있다는 개념으로 확장된다. 이것은 리더와 부하 사이의 일치와 헌신이다. … 직책상의 권력이 조직의 상부로부터 주어지는 것이라면 인격적 권력은 전수되는 것이 아니라 부하로부터 얻는 것이다.[45]

황의영은 동일한 의미에서 리더십이란 "지도자가 수행자들을 통해 세워 놓은 목표를 성취하는 능력"[46]임을 강조했으며, 목적을 성취하기 위해 조직체를 구성하고 구성원들에게 임무를 부여하기도 하고 또 때로는 수행자들을 설득하는 등 지혜와 재치가 필요하다고 설명했다.[47] 또한 맥스웰은 목표 달성을 높일 수 있는 유능한 리더는 다른 사람들과 관계를 잘 맺어야 하며, 머리보다는 마음을 먼저 움직일 수 있어야

하고, 상대와 공감대를 형성할 수 있는 능력을 키워야 함을 강조했다.[48]

영적인 목회자는 단순히 직책상 권력을 쥐고 있는 존재가 아니라 교회 구성원들로부터 존경과 사랑을 한 몸에 받고, 하나님의 교회를 하나님의 영광으로 가득하도록 이끌어 달라는 온 교회 성도들의 일치와 헌신에 의해서 인격적 권력으로 교회를 이끄는 존재다. 예수님의 인격과 성품을 닮은 목회자는 교회 구성원들에게 존경을 받으며, 목회자의 한 마디 한 마디가 성도들의 영혼 속에 강력하게 스며들게 될 것이다. 그러므로 목회자는 예수님의 인격과 성품을 본받고자 해야 하며, 경건한 삶을 살아내야 한다.

그러므로 목회자의 리더십은 하나님의 뜻을 이루고, 하나님의 영광이라고 하는 결과를 산출하는데 최종적인 목표가 있기 때문에, 목회자는 자신의 리더십을 이러한 하나님의 영광이라고 하는 목표 지향성에 초점을 맞출 필요가 있다. 이제 영적인 목회자는 자신의 비전과 자신의 목표가 아니라 하나님의 영광이라고 하는 분명한 목표를 이루고자 하는 선명한 목회의 방향과 철학을 가지고 있어야 하며, 교회 성도들에게 이러한 교회의 거룩한 목적과 가치를 공유할 수 있어야 한다. 이렇게 공동의 목적과 가치를 공유할 때에만, 목회자는 고립된 상황에 갇히는 것이 아니라 성도들과 서로를 존중하고 협력하는 파트너 관계에 들어가게 되고, 성도들도 수동적으로 끌려오는 것이 아니라 자발적으로 헌신하게 될 것이다.

이렇듯 목회자가 영적인 리더십을 발휘하고, 성도들이 즐거운 마음과 행복한 기분을 느끼며 협력하는 분위기를 만들어낼 수 있다면, 개척교회의 목회자 또한 힘을 다해 영혼을 구령하고 또한 하나님의 말씀을 가르치고 설교하는 일에 큰 보람을 느끼면서 교회 사역을 감당하게 될 것이다. 성도들 또한 자신들의 은사가 교회에서 발휘되고 활용되도록 격려를 받을 뿐만 아니라 실제적으로 활용되는 기쁨과 감동을 받게 될 것이다. 이렇게 영적인 목회자의 리더십을 통해서 거룩한 영향력을 서로 주고 받는 분위기가 형성된다면, 개척교회는 초기부터 건강한 교회로 세워져갈 수 있을 것이며 또한 모든 성도들이 온전하게 되어 봉사의 일을 하게 되고, 이로써 모든 지체들이 유기적으로 서로 연결되고 합력하고 그리스도의 몸을 세우게 될 것이다(엡 4:12,16).

이렇게 그리스도의 몸이 세워지려면 단지 복음을 전해 영혼이 구원받는 정도에서 그치는 것이 아니라, 그리스도의 제자로 삼는데까지 영적인 지도가 이루어져야 한다. 그러므로 맬퍼스는 그리스도의 제자란 존재를 세 개의 다리를 가진 의자로 예시를 들면서, 첫 번째 다리 하나는 회심, 두 번째 다리는 헌신, 그리고 세 번째 다리는 봉사라고 설명했으며, 이렇게 세 개의 다리가 든든히 서있을 때 교회에서 충분히 기능

하는 추종자가 된다고 말했다.[49]

그렇다면 목회자의 영적인 리더십이 잘 작동하고 있는지의 여부는 회심하고, 헌신하고, 또한 봉사하는 사람들이 계속해서 일어나고 있느냐에 달렸다고 말할 수 있다. 이렇게 목회자의 영적인 리더십은 교회의 영적인 분위기를 좌지우지하는 매우 중요한 요소다. 이러한 경건하고 하나님의 거룩한 임재를 느낄 수 있는 영적인 분위기를 만들어내는 것이 개척교회 초기엔 매우 중요하다. 뿐만 아니라 목회자의 영적인 리더십을 통해서 교회 구성원들이 거룩한 영향력을 서로 주고 받는 분위기를 형성할 수 있다면, 개척교회 초기부터 건강한 교회를 세워갈 수 있을 것이다.

뿐만 아니라 목회자의 영적인 리더십이 잘 작동하는데 있어서 목회자와 성도 간의 친밀한 관계와 교회의 차분한 분위기는 참으로 중요하다. 목회자이자 목회 상담자인 리처드슨 (Ronald Richardson)은 정서 체계가 좋은 교회와 그렇지 않은 교회를 비교함으로써 건강한 관계 시스템을 갖춘 교회가 건강한 교회라는 사실을 밝히고 있다. 그리고 목회자의 중요한 책무 중 하나는 차분한 정서적 분위기의 교회를 만드는 것이라고 강조하면서 "교회에서 리더가 해야 할 주요 직무는 교회에 차분한 정서적 분위기를 만들어 내는 것이다. 즉 불안을 조절할 수 있는 차분한 리더가 되는 것이다"[50]라고 말했다.

개척교회 초기엔 이렇듯 차분한 정서적 교회 분위기를 만들고 유지하는 것이 중요하다. 교회에 처음 와본 사람이나, 또는 기존 교회에 다니다가 이사 때문에 자신이 섬길 교회를 찾고자 방문한 성도나, 아니면 이런 저런 목적으로 교회를 처음 방문한 사람은 누구나 경건하고도 차분하면서도 거룩한 하나님의 임재를 느낄 수 있어야 한다. 여기엔 교회의 인테리어와 같은 물리적인 요소도 있지만, 교회의 전반적인 분위기와 같은 영적인 요소도 있다. 뿐만 아니라 누구든지 자신이 환영받고 있으며 또한 사랑을 받고 있다는 인상과 감동을 받을 수 있어야 한다.

리더십의 유형별 이론

리더십의 유형이란 조직이나 집단의 구성원 간에 지도자의 전형적인 행동방식을 뜻한다. 따라서 지도자의 성격, 상황 및 목표 등의 요소에 의해서 다양하게 분류될 수 있다. 본 장에서는 1) 상황적 리더십, 2) 거래적 리더십, 3) 변혁적 리더십에 대해서 살펴볼 것이다.

1) 상황적 리더십

리더십은 상황과 매우 밀접한 관계가 있기 때문에, 리더와 추종자 그리고 리더십이 행사될 때의 상황에 의해서 리더십의 유효성이 결정된다는 관점에서 많은 연구가 진행되어 왔다.[51] 이러한 연구는 리더십의 유효성이 리더의 특성이나 행동 때문이 아니라 조직에서 수행하는 작업의 성격, 외부 환경과 같은 상황적 요인에 달려 있다는 전제가 깔려 있다. 그렇다면 목회자의 리더십은 그가 처한 목회 상황에 따라 다르게 나타날 수밖에 없다. 영적으로나 재정적으로 안정된 교회에서 목회하는 목회자와 아무 것도 없는 광야 같은 환경에서 교회개척을 위해 고군분투하는 상황 가운데서 목회하는 목회자는 다른 리더십 형태를 보일 수밖에 없다.

극한상황 리더십 교육에 중점을 둔 컨설팅 회사 신크레틱스 그룹(Syncretics Group)의 대표인 퍼킨스 (Dennis N. T. Perkins)는 평범한 리더와 비범한 리더의 차이점은 역경, 혼돈, 그리고 변화의 상황 하에서 선명하게 나타나며, 죽느냐 사느냐의 극한 상황 속에서 팀을 단합시키고 또 성공적으로 이끌어 나갈 수 있는 능력에 달려 있으며,[52] "리더십의 정수는 인간 노력의 한계 상황 속에서 발견할 수 있다"[53]고 강조했다. 리더십은 다양한 상황 속에서 고정된 원칙만으론 힘을 발휘할 수 없다. 주어진 다양한 상황과 예기치 못한 환경 속에서 시기적절한 창조적이고 변화 수용적인 리더십을 발휘할 수 있어야 한다.

이미 자립이 이루어져 있고 안정적으로 성장하고 있는 교회에는 성도들을 교육하고 목양하는데 관리적 또는 행정적 리더십이 많이 필요하며, 급격한 상황 변화 보다는 안정적인 목회 환경에 놓여 있다. 그렇기 때문에 대개 목회자는 성품이 온유하고 안정적인 리더십을 가지고 있다. 반면 이제 새롭게 시작하는 개척교회는 목회환경이 변화무쌍하고, 예상치 못한 상황에 급격히 목회방향이나 방침을 바꿀 수 있어야 한다. 이렇듯 개척교회는 주어진 상황에 능동적으로 대처할 수 있는 리더십이 필요하며, 주어진 상황과 환경에 따라 창조적이고 변혁적이며 임기응변적인 대응을 할 수 있어야 한다.

에리히 프롬에게서 정신분석학을 공부했으며 또한 인류학을 전공한 세계적인 리더십 권위자인 맥코비 (Michael Maccoby)는 오늘날 파격적인 변화의 시기에는 과거에 통했던 리더십은 더 이상 통하지 않으며, 주어진 상황과 환경을 돌파할 수 있는 리더십이야말로 추종자를 모을 수 있음을 강조하면서 리더십과 상황과의 관계에 대해서 "리더십은 항상 리더와 리드를 받는 사람들 사이의 관계를 함축하며 그 관계는 하나의 상황이나 환경에 존재한다. 역사적이고 문화적인, 또는 조직적인 특정 환경에서 추종자를 확보하는 리더들도 환경이 바뀌면 전혀 그렇지 못할 수가 있다"[54]고 강조했다.

현재 한국교회는 포스트 코로나 시대를 맞이해서 세상 모든 것의 트렌드가 변화하는 중심에 서있다. 안타까운 현실이긴 하지만 코로나 19 이후 현장 예배 참석자가 평균 30% 줄었으며, 그 가운데 30-40대의 현장 예배 출석률이 가장 저조하며 이들의 자녀들 역시 교회에 출석하지 않고 있기 때문에 교회학교 학생 감소속도는 일반학생보다 1.3배 빠르게 감소하고 있는 상황이다.[55]

이러한 급격한 변화의 소용돌이 속에서 나름 빠르게 대처하는 교회도 있다. 이처럼 빠른 변화에 수수방관하기 보다는 적극적으로 대처함으로써 나름 해법을 찾아냄으로써 현 상황을 돌파하려는 것이다. 이에 과거 예배당 건물 중심의 예배에서 온라인 예배로 전환하고 또 예배당 중심적인 교회에서 탈피하여 선교 중심적인 교회로 변화한 것이다.[56] 뉴노멀 시대를 대비하고 실천해온 만나교회 목회자인 김병삼은 이렇게 설명하고 있다.

코로나19는 사회 전반적으로 많은 변화를 불러일으키고 있다. 교회도 예외는 아니다. 함께 모여 예배하는 공동체를 교회와 동일시했던 전통적 사고에서 교회가 함께 모여 예배할 수 없는 상황에까지 이르렀다. 교회의 정체성을 흔들어 놓는 변화의 시작이다. 이런 불가피한 변화들에 대해 성경적으로, 신학적으로 응답하지 않는다면 교회는 길을 잃을 수밖에 없다. 이제는 목회 전반에 걸쳐서 이 새로운 상황에 적응하고 준비해야 하는 때가 되었다. 새로운 상황은 단순히 예배의 변화뿐 아니라, 전반적인 목회 영역에서 변화를 요구하기 때문이다.[57]

이러한 급격한 세상의 변화 속에서 개척교회의 목회자는 기존 방식만을 고집하며 고수한다면, 자멸할 수밖에 없을 것이다. 이처럼 절박한 상황 가운데서도 목회자는 믿음과 용기를 잃지 말고, 골방으로 들어가 하나님께 지혜를 구하여 (약 1:5) 마침내 해법을 얻을 수 있어야 한다. 이런 것이 바로 어떠한 상황에서도 굴하지 않고 돌파할 수 있는 상황적 리더십이다.

오늘날 목회 현실은 한치 앞도 내다볼 수 없을 정도로 시계 (視界)가 흐려진 상황이다. 많은 기독교인들이 교회를 떠나고 있으며, 사회 전반적으로 기독교를 안티하는 분위기가 만연되어 있기 때문에, 교회 개척은 초고도 지대 (high altitude area)[58]에 들어간 듯한 상황이다. 이렇듯 모든 것이 불확실하고 불안하고 두려운 상황에도 불구하고 교회 개척자는 하나님을 의지하고 모든 장애물을 뛰어 넘어 전진해야 한다.

워너와 슈민케 (Chris Warner and Don Schmincke)는 에베레스트와 K2의 정상을 밟은 산악인으로서 7,500미터 이상의 고도인 죽음의 지대에서 배운 교훈을 리더십에 적용함으로써 엄청난 교훈을 주고 있으며, 한 치 앞도 예측할 수 없는 위험이 산재되어 있는 상황을 극복함으로써 극한 상황에서도 최고의 성과를 올리면서 자신과 팀을 리드하는 사람들을 초고도 리더 (high altitude leader)라고 불렀다.[59]

그러므로 개척교회 목회자는 이러한 초고도 목회 환경 속에서도 자신과 자신이 목회하는 교회 구성원들을 이끌어 위대한 교회로 세워질 수 있도록 초고도 리더가 되어야 한다. 이러한 상황적 리더십은 목회자가 얼마나 하나님의 도우심과 인도하심을 기대하면서, 또한 은밀히 보시는 하나님 아버지께서 갚으실 것이라는 믿음을 가지고서 하나님을 전적으로 의지하고 신뢰하는가, 즉 하나님을 향한 전적인 신뢰에서 나온다.[60] 영적인 지도자라면 하나님께서 골방에서 보여주신 비전을 결과에 개의치 않고 즉시 행동으로 옮길 수 있어야 한다.[61] 그럴 때 사람의 생각과는 전혀 다른, 또는 사람이 미처 생각할 수 없었던 방법으로 하나님께서 상황을 돌파할 수 있도록 문을 열어 주시고 길을 터주시는 것을 보게 될 것이다. 마침내 하나님의 영광을 보리라는 굳건한 믿음의 발걸음은 항상 보상을 받는다.

상황적 리더십에서 또 한 가지 생각해볼 점은, 어떠한 주어진 상황에서도 가장 중요한 요소로 작용하는 것은 교회 구성원 간의 인간관계의 질과 목회자와 성도들 그리고 성도들 간의 응집력에 달려 있다는 것이다.[62] 평상시 목회자와 성도들 간의 좋은 관계가 형성되어 있고 또한 유지되고 있었다면 어떠한 위기나 또는 돌발적인 상황에서도 굉장한 응집력을 나타낼 것이며, 이 때 목회자는 강력한 리더십을 행사함으로써,[63] 위기상황을 빨리 벗어나거나 쉽게 수습할 수 있을 것이다. 그 결과 위기를 얼마든지 성장과 도약과 번영의 기회로 삼을 수 있다.

그렇기 때문에 목회자와 교회 구성원 사이의 인간관계는 목회현장에서 매우 중요하다. 만일 교회 성도들 가운데 누군가 목회자의 말을 듣지 않기로 결정했다면, 교회는 아무런 진척도 없이 시간만 흘러가게 될 것이다. 그렇기 때문에 목회자는 교회 구성원들과 인간관계를 잘 유지함으로써 교회의 발전과 부흥을 위해 서로 마음과 뜻을 합하고 또 합력하여 선을 이루고자 하는 단결력을 극대화시킬 수 있어야 한다.

이러한 인간관계에서 성공여부를 결정하는 중요한 요인은 교회 구성원들의 준비상태를 정확하게 평가하는 능력이다. 여기서 "준비상태란 부하가 특별한 임무를 완수할 능력과 의지를 얼마나 가지고 있는가의 정도라고 정의할 수 있다. … 사람들은 그들에게 부과된 업무에 따라서 준비상태의 수준이 다른 경향을 보인다."[64] 이렇게 목회자는 상황적 리더십을 잘 계발하고 평소에도 돌발적인 위기 상황에도 놀라거나 두려워하지 않을 수 있는 유연한 영성을 연마한다면, 그 어떠한 상황에도 의연하게 대처할 수 있을 것이며 또한 위기 상황에서 빛나는 리더십을 발휘하게 될 것이다

2) 거래적 리더십

거래적 리더십은 리더가 어떤 행위에 대한 보상이나 인센티브(incentive)를 사용해서 조직구성원으로부터 바람직한 행동을 일으키

는 리더십 형태이다. 이러한 과정의 핵심 내용은 리더와 추종자 사이에 교환 (exchange)이나 거래 (transaction)가 일어난다[65]는 것이다. 그러므로 거래적 리더는 조직의 목표를 이루고자 보상과 처벌이라는 두 가지 방법을 가지고 조직구성원들에게 접근하게 되며, 자신이 가지고 있는 리더의 권한을 융통성 있게 발휘함으로써 목표를 달성한다. 리더는 사람들을 움직여 목표 달성을 성취하는 사람이며, 조직의 목표 달성을 위해서는 조직 구성원들에게 적절한 보상과 처벌을 사용할 수 있는 권한을 부여받은 사람이다.

거래적 리더십이 효과를 발휘하려면 다음과 같은 상황이 수반되어야 한다. "첫째, 리더가 강한 권한을 보유하고 있어야 한다. 둘째, 구성원이 보상을 받기 위해 리더에게 의존해야 한다. 셋째, 보상을 기대하는 성과가 구성원의 노력과 능력에 의해 달성되어야 한다. 넷째, 성과가 정확하게 측정되어야 한다."[66]

전통교회를 선교적 교회로 전환하기 위한 리더십의 방향과 실천적인 과제를 연구한 박원길에 따르면, 거래적 리더십은 변화보다는 정해진 규칙과 목적을 성취하는데 역점을 두고 있으며, 안정을 추구하는 성향이 강하다.[67] 이러한 특징 때문에 거래적 리더십은 개척교회 목회자보다는 안정된 교회 목회자에게 더욱 적합할 수 있지만, 그럼에도 거래적 리더십이 개척교회 상황에서도 적절하게 사용된다면, 리더와 구성원 모두 목표 달성이라는 공동의 목표를 성취하는 쾌거를 함께 기뻐하며, 함께 누릴 수 있을 것이다.

또한 21세기에 적합한 리더십 패러다임의 하나로 대두되고 있는 변혁적 리더십과 교회성장의 관계를 연구한 조병재에 따르면, 이러한 거래적 리더십은 주로 물질적인 보상을 거래의 수단으로 내세우기 때문에 추종자들의 헌신의 기간이 짧고, 추종자들의 개인적인 필요나 성장에 대해서는 관심이 없는 단점이 있음을 지적했다.[68] 그러므로 거래적 리더는 현재 상황에 초점을 두고 조직을 순조롭게 능률적으로 운영하는데 탁월하며, 규칙을 준수하는데 초점을 맞추고 있기 때문에 변화하는 것보다는 오히려 안정을 추구한다.[69] 이러한 거래적 리더십의 특징은 개척교회의 초기 상황에 필요한 리더십이다.

따라서 영적인 목회자는 거래적 리더십을 개척교회 초기에 잘 활용하되, 아울러 성도들과 인격적인 관계를 형성하고 공동 목표와 공동의 가치를 향해 달려나갈 수 있는 파트너십 형성에 심혈을 기울일 필요가 있다. 영적인 리더십은 성도들로 하여금 단순히 물질적 보상이나 상벌의 개념을 넘어 하나님의 영광을 목표로 삼을 수 있도록 해야 하며, 훨씬 더 고차원적인 동기를 부여해주어야 한다.

사실 성경에는 예수님께서 거래적 리더십을 행사하신 사례가 있다.

즉 마태복음 25장 14-30절을 보면, 예수님은 달란트 비유를 통해서 보상을 통한 인적관리를 병행하셨으며, 제자의 노력과 예수님의 보상을 계약적으로 말씀하셨고 제자들의 훌륭한 사역수행에 대한 보상을 확신시켜 주셨으며, 제자 개개인에게 사역의 성공을 조건으로 추가적인 노력을 요구하신 것을 볼 수 있다.[70]

이러한 거래적 리더십을 행사하는 것이 필요한 일이긴 하지만 교회 구성원들의 믿음이 성장함에 따라서 개인의 안위 보다는 오히려 하나님의 영광을 빛나게 하는 일에 자신을 희생하고 기꺼이 헌신할 수 있는 믿음을 준비시키는 일이 필요하다. 교회가 개척되어 하나님의 신적인 기관으로 서게 되는, 이처럼 경이로운 일은 성도들이 평소 목회자를 존경하고 따를 뿐만 아니라, 또한 영적인 리더십에 순종하는 일 없이는 이루어질 수 없음을 알아야 한다.

3) 변혁적 리더십

거래적 리더십과 대응되는 개념으로 변혁적 리더십을 체계화하는 일을 했던 바스(Bernard M. Bass)는 변혁적 리더십을 거래적 리더십의 한계를 극복하고 이를 대체할 수 있는 효과적인 리더십임을 강조하면서, "변혁적 리더십이란 부하의 가치관, 윤리, 행동규범 그리고 장기적 목표를 바꾸어 줌으로써 개인을 변화시키고 변혁시키는 과정"[71]이라고 정의했다. 그리고 전남대학교 경영학과 교수인 김경수는 변혁적 리더에 대해서 이렇게 설명했다.

> 변혁적 리더는 부하로 하여금 과업수행결과에 대한 중요성을 인식하게 하고 부하 자신의 개인적인 이익보다는 조직이나 팀의 이익을 우선시하게끔 하고 부하가 가지는 욕구보다 더 높은 수준의 욕구를 활성화시킴으로써 애초에 기대했던 것보다 훨씬 높은 성과를 부하로 하여금 달성하게 한다. 물론 이를 위해서 리더는 부하들에게 솔선수범을 보여야 하고 자신의 이익을 포기하고 자신을 희생하고 있다는 것을 보여야 한다.[72]

이러한 변혁적 리더십의 구성요인에는 리더 개인의 카리스마, 개별적인 배려, 지적인 자극, 분발 고취 등이 있다.[73] 이러한 구성요인들이 서로 상호작용하면서 또는 시너지 효과를 내면서 리더와 추종자들을 서로 자극하고 도전함으로써 목표에 도달하게 해준다. 목회자 리더십의 유형을 분석하고, 이를 토대로 건강한 리더십을 통한 교회 성장 방향을 제시한 김재환에 따르면 "변혁적 리더는 조직 구성원의 숨은 능력을 향상시키고, 모범을 보이며, 개개인의 특성에 맞게 각자 업무를 분담시킨다. 그렇게 해서 구성원들의 책임감을 높이고, 도전적인 일을 위임하고, 조직 구성원들에게 필요한 정보를 제공하며, 지적인 자극을 통하여 보다 적극적으로 사고하고 행동"[74]하게 하는 리더다.

또한 삼성전자와 휴렛팩커드 (HP)에서 실무경험을 쌓고, 30년간 경영자, 컨설턴트, 대학교수를 지낸 김영한은 변혁적 리더십을, "리더가 조직원의 특성과 환경적 요인에 따라 리더십 스타일을 창조적으로 변화시켜서 새로운 방향을 제시하고 동기부여, 혁신을 추진해나가는 리더십"[75]으로 설명하고 있다. 그는 이러한 변혁적 리더십과 관리 리더십을 비교했는데, 변혁적 리더십은 조직의 상황에 따라 변화를 주도적으로 이끌어가는 장점이 있지만 안정적인 조직에서는 리더십에 일관성이 없어 보이는 약점이 있을 수 있다고 했으며, 이에 반해 관리 리더십은 조직이 안정적일 때에는 리더십이 안정적이고 또한 신뢰를 받을 수 있는 장점이 있지만, 상황이 변할 때에는 상황 대응력이 약한 단점이 있음을 지적했다.[76]

한편 조병재에 따르면, 변혁적 리더는 탁월한 의사전달 기술을 통해서 추종자들에게 도전을 주며 조직의 비전과 목적을 달성하기 위해 추종자들에게 영감을 불어넣고, 때로는 상징이나 감정에 호소하는 방법을 통해서 동기부여를 함으로써 목표를 성취해내는 리더다.[77] 군 리더십의 전문가이자 교수인 최병순에 따르면, 이스라엘 군 보병 장교들을 대상으로 실험연구를 실시하였는데, 곧 실험집단 지휘관들에게 변혁적 리더십 교육을 실시하고 다른 집단 지휘관들에게는 평소에 실시하던 정규 리더십 교육을 실시한 후 변혁적 리더십 교육이 부하들에게 어떠한 영향을 미치는가를 조사하였다. 그 결과 변혁적 리더십 교육을

받은 지휘관들의 부하들이 자기 효능감, 독립적 사고, 추가적인 노력 등이 더 높았다고 한다.[78]

이런 일이 가능한 이유는 "변혁적 리더십은 팔로어들의 잠재능력을 개발해주고, 중요한 의사결정 권한의 위임, 팔로어들의 기량과 자신감 함양, 자율관리팀 구축, 중요한 정보의 직접적인 접근 허용, 불필요한 통제 제거, 임파워먼트를 촉진하는 조직 문화 조성"[79]을 통해서 팔로어들이 리더에게 덜 의존하고, 보다 더 자율적인 존재로 행동하도록 해주기 때문일 것이다.

성경에는 예수님께서 이러한 변혁적 리더십을 행사하신 사례들이 있다. 마태복음 4장 18-22절을 보면, 예수님께서는 천국을 전파하시면서 제자들을 부르셨는데, 그들을 제자로 부르신 이유는 단순히 세속적 가치를 추구하는 어부로 부른 것이 아니라 보다 더 큰 목적을 위해, 즉 사람을 낚는 어부로 만들기 위해 불렀다는 것을 그들에게 분명히 제시함으로써 제자들을 변혁시키셨다.[80] 이로써 진정한 기독교 지도자의 첫번째 과제는 추종자로 하여금 자신의 가치 및 목적을 인식하도록 일깨워주는 것이어야 함을 알게 되며 또한 하나님 안에서 인생의 가치와 목적을 발견할 때 사람들은 지속적인 영적 성장을 추구하며 남을 섬기는 자가 되고 싶은 동기가 일어나게 되는 것을 알 수 있다.[81]

따라서 변혁적 리더는 동기 부여 뿐만 아니라 권한 부여를 통하여 구성원들이 자존 욕구를 달성하도록 도와주어야 하며, 더불어 지속적인 의사소통으로 구성원들이 능력과 가치를 증대시키도록 개인적인 지원을 아끼지 않아야 한다.[82] 그럴 때 구성원들은 자발적으로 리더를 따르게 된다. 이 변혁적 리더십은 안정적인 교회 상황 보다는 개척교회 상황에서 대단히 필요한 리더십 자질이라고 할 수 있다. 그러므로 개척 교회의 목회자는 변혁적 리더로서 자질을 갖추어야 하며 또한 연마해야 한다.

그렇기 위해선 새로 믿게 된 새신자들의 숨은 은사와 달란트를 계발할 수 있도록 동기부여하고, 신앙 초기부터 전도를 실천할 수 있도록 도전하고 격려할 수 있어야 하며, 목회자 본인이 솔선수범함으로써 모본을 보여야 한다. 개척교회에는 교회개척이라는 거룩한 사명을 위해 하나님께서 보내주신 성도들이 있기 마련이다. 이러한 거룩한 소명에 마음과 뜻을 합치고자 하나님이 보내주신 성도들 가운데, 전도훈련과 제자훈련을 받고 싶어하는 성도가 있다면 이러한 성도들과 함께 전도 현장에 함께 다니면서 그들을 훈련시켜야 한다. 그렇게 함으로써 한 영혼씩 구원받는 역사가 일어날 때, 영혼 수확의 기쁨을 함께 누릴 수 있으며, 이로써 개척교회는 힘있게 성장해 나갈 수 있을 것이다.

목회자 리더십에 대한 성경적 이해

목회자의 리더십을 생각할 때, 이러한 일반적인 리더십에 대한 이해도 필요하지만 사실 목회자의 리더십은 세상의 리더십과는 다르다. 세상의 리더십과 어느 정도 일치하고 또 공유하는 부분도 없지 않겠지만, 목회자의 리더십은 무엇보다 영적인 리더십이라는 사실을 인식할 필요가 있다.

따라서 블랙커비는 영적 리더십이란 "하나님의 방법으로, … 자신의 열정보다 성령의 인도를 받아, … 사람들의 목표와 야망을 채우려 하기보다 하나님의 뜻"[83]을 이루는 것이라고 했다. 그러므로 영적 리더십은 하나님께서 부르신 목회자에게, 하나님이 능력과 권세를 부여해 주심으로써, 하나님의 목표를 이루기 위한 리더십이라고 할 수 있다. 그러므로 영적 리더십의 핵심은 하나님을 영광스럽게 해드리는데 있다. 그렇다면 목회자는 무엇보다 영적인 회심을 한 사람이어야 한다. 회심과 거듭남의 확실한 경험과 생생한 간증이 있어야 한다. 뿐만 아니라 영적 리더로서 목회자는 하나님의 소명을 받은 자여야 한다. 하나님께서 자신을 지명하여 불렀다 (사 43:1, 45:4)라고 하는 확신이 있어야 하며, 뿐만 아니라 성령께서 복음을 전하여 죄인을 회심시킬 수 있는 은사와 능력을 부여받은 사람이어야 한다.

1) 목회자의 회심

목회자는 무엇보다 회심한 사람이어야 한다. 왜냐하면 회심하지 않은 사람은 하나님의 나라를 볼 수 없으며, 거듭나지 않은 사람은 결코 하나님의 나라에 들어갈 수 없기 때문이다 (요 3:3,5). 목회자는 하나님의 일을 하도록 부르심을 받은 사람이다. 요한복음을 보면, 어느 날 사람들이 예수님께 나아와 "우리가 어떻게 하여야 하나님의 일을 하오리이까" (요 6:28)라고 물었고, 주 예수님께서는 하나님의 일은 "하나님께서 보내신 이를 믿는 것이 하나님의 일이니라" (요 6:29)고 대답하셨다. 그러므로 목회자의 최우선적인 일은 사람들에게 복음을 전하여 하나님께서 보내신 유일하신 구원자 예수님을 믿게 하는 것이기 때문에, 이 일을 잘 감당하려면 무엇보다 자신이 거듭난 사람이어야 한다.

조나단 에드워즈의 회심신학을 연구한 이성욱은 거듭남 또는 중생이란 사람이 죄로부터 하나님께로 회심할 때, 하나님의 강력한 능력에 의해 사람 안에서 역사하시는 위대한 변화를 의미하며, 이러한 중생의 역사는 오로지 성령의 역사로 되는 것임을 밝혔다.[84] 그는 1980년대까지 한국교회는 폭발적인 성장의 시대를 경험하면서 교회를 부흥시키기 위해 수많은 방법론들이 등장하여 수적으로는 상당히 많이 성장했을지 몰라도 회심을 강조하는 설교는 들을 수가 없었고, 이런 현상들로 인해서 한국 교회 안에는 회심하지 못한 사람들을 양산하는 결과를 낳게 되었다[85]는 점을 지적했다. 이처럼 뜻하지 않은 결과를 낳게 된 원인에는 여러 가지 있을 수 있지만, 목회자 자신의 회심여부도 하나의 원인으로 생각하지 않을 수 없다.

19세기 영국교회 내에서 복음주의 진영을 이끈 지도자 중 한 사람이었던 브리지스 (Charles Bridges)는 목회 사역의 존엄성과 하나님과 동역하는 신성한 직무의 존엄성을 설명하면서 "자신이 죽어 있으면서 어떻게 생명을 전한단 말인가? 이렇게도 더러운 인간이 이렇게도 깨끗한 일, 이렇게도 깨끗하게 하는 일을 수행할 수 있는가?"[86]라고 표현했다. 목회 사역은 신성한 직무이기에 참으로 고귀한 일일 뿐만 아니라 한 영혼을 구원으로 인도하는 막중한 책임을 하나님 앞에서 지는 일이다.

이처럼 신성한 직무는 거듭난 경험이 없이, 오히려 자신이 심판과 멸망의 길을 가고 있는 자연인이 할 수 있는 일은 결코 아니며 뿐만 아니라 해서도 안된다. 그래서 브리지스는 네덜란드의 종교개혁자였던 비트링가 (Campegius Vitringa)가 묘사하고 있는 목회자에 대한 초상화를 인용했다.

성령의 가르침을 받으며 경험을 통하여 하나님의 길에 정통한 자, 품행이 단정하고 순결한 자, 경건과 절제와 온화함과 열정과 지혜와 신중함의 능력을 본보기를 통하여 가르치는 자, 촛대 위에 놓인 촛불과 같이 집 안에 있는 모든 사람들에게 빛을 비추는 자, 구원을 소망하는 모든 자들에게 구원의 길을 보여주기도 하고 복음의 조건들에 비추어 은혜와 구원을 나누어 주는 그리스도의 종을 얼마나 귀하여 여겨야 하겠는가![87]

그러므로 목회자는 이처럼 막중한 목회 사역으로 부르심을 받은 사람이기에, 하나님께서 목회로 부르시기 이전에 확실히 거듭난 경험이 있어야 하며, 더욱이 허물과 죄로 죽어 있던 한 영혼이 생명의 복음을 통해서 다시 살리심을 받는 회심과 거듭남의 현장 경험이 많이 있어야 한다. 구원의 길을 찾고 구하는 영혼을 구원의 길로 인도할 뿐만 아니라, 그리스도 안에서 성숙한 자로 양육해본 아버지와도 같고 유모와도 같은 성숙한 경험이 있어야 한다 (살전 2:7,8,11). 다시 말해서 믿지 않는 사람에게 복음을 전해, 한 영혼이 거듭나게 하는 경험이 많이 있어야 하며 또한 이렇게 새로이 믿게 된 새 신자를 양육해본 경험이 있어야 한다. 그럴 때에만 개척교회가 단순히 사람들의 숫자만 채우거나 또는 명목상의 신자들을 양산하는 곳이 아니라, 그리스도 안에서 새로운 생명이 태어나는 생명의 요람이 될 수 있다. 개척교회의 목회자는 무엇보다 "생명의 말씀을 밝혀"(빌 2:16), 교회 개척의 그 모든 수고가 헛되지 아니하고 그리스도의 날에 영광과 존귀와 면류관으로 영화롭게 나타나도록 힘써야 한다.

2) 목회자의 소명

목회자는 스스로 목회를 선택할 수 없다. 목회자는 하나님이 하나님의 양무리를 목양하도록 부르신 사람이며, 목회를 하도록 선택된 사람이다 (요 21:16, 17). 헨리 블랙커비, 헨리 브랜트, 그리고 케리 스키너는 이 세상에서 "목회자보다 더 위대하고 높은 소명을 받은 사람은 없다"[88]고 말하면서, 목회자는 "하나님의 목적을 위해, 하나님에 의해, 하나님의 시간에, 하나님의 장소에서, 하나님의 방법으로 하나님을 섬기기 위해 선택된 것이다. 하나님께서는 사람들과 세상을 변화시키기 위해 목회자들을 부르셨다"[89]고 말했다. 개척교회 목회자는 교회를 개척하라는 분명한 하나님의 소명을 받은 사람이어야 하며 (마 28:19,20), 성령과 지역교회의 보내심을 받은 사람이어야 한다 (행 13:2-4).

하나님은 하나님의 일을 시작하실 때 항상 하나님의 사람을 일꾼으로 부르셨다. 모세는 이스라엘 백성들을 이집트의 압제로부터 해방시키는 일을 하기 전에 하나님의 부르심을 받았다 (출 3:9,10). 사무엘은 이스라엘 중에 하나님의 큰 일을 행하기 전에 하나님의 부르심을 받았다 (삼상 3:10-11). 예레미야는 "여러 나라와 여러 왕국 위에 세워 네가 그것들을 뽑고 파괴하며 파멸하고 넘어뜨리며 건설하고 심게" (렘 1:4-8) 하는 일을 하기 전에 하나님의 부르심을 받았다. 사도 바울은 이방인들에게 하나님의 아들을 전파하는 일을 하기 전에 하나님의 부르심을 받았으며, 이에 그는 "내 어머니의 태로부터 나를 택정하시고 그의 은혜로 나를 부르셨다"(갈 1:15)는 확신을 가지고 있었다.

그렇지만 하나님의 부르심 외에 다른 동기에 의한 교회개척이 있을 수 있다. 교회성장연구소 소장을 지냈던 명성훈에 따르면 교회를 개척하는 잘못된 동기의 사례를,
"(1) 나도 교회를 하나 가지고 싶어서,
(2) 생활의 방편으로 삼기 위해서,
(3) 내 마음대로 목회를 하고 싶어서,
(4) 사람들이 개척하자고 하니까,
(5) 신학교를 나왔으니까,
(6) 부교역자로서는 한계가 있으니까,
(7) 환경적으로 어쩔 수 없어서 등"[90]으로 소개하고 있다.

이처럼 잘못된 마음의 동기는 얼마든지 포장될 수 있으며, 겉으로는 하나님의 영광을 위한다는 허울 뿐인 명분을 내세울 수 있다. 하지만 하나님이 나를 교회개척자로 부르셨으며, 이러한 신적인 명령을 피할 길이 없다는 절대적인 확신이 없다면 교회개척을 결코 시작해선 안 된다.[91]

개척교회의 현실은 말로 다 표현할 수 없을 정도로 척박하기 때문에, 하나님의 부르심이 없다면 결코 감당할 수 없는 대사명이다. 개척

교회의 현실과 개척교회 목회자가 겪는 시련을 실제적으로 여과없이 다룬 최상영에 따르면, 오늘날 한국교회 현실 상황 하에서 온전히 개척 목회의 길을 걸어가는 것은 아무런 미래에 대한 보장도 없이 그저 교회개척의 소명만을 붙잡은 채 심지어 자신의 내면적인 삶의 뼈대 전체가 뒤흔들리는 경험을 하기도 하며, 실직노동자처럼 미래를 설계할 수도 없고 어떤 목표를 세울 수도 없는 순간에 자주 내몰리기도 한다[92]는 사실을 지적했다.

교회를 개척하라는 소명을 받고 또한 그 거룩한 소명을 이루는 일은 새로운 지역에 가서 영혼을 구령하고 또 그리스도의 몸된 교회를 세우는 참으로 뜻깊고 가치 있는 일이며, 한 사람의 그리스도인으로서 또한 한 사람의 목회자로서 위대한 삶인 것은 틀림이 없지만, 하나님이 나를 부르셨다는 분명한 소명감이 없다면 개척교회의 극한 현실과 상황을 견디는 일은 불가능할 수밖에 없다.

개척교회의 목회자는 교회개척의 소명을 받고 나가는 그 순간부터 고통의 순간과 인고의 세월을 견뎌 내야 한다. 이러한 고난은 누가 시켜서 겪는 고난이 아니며, 그야말로 스스로 자초한 고난의 길이다.[93] 오로지 자신을 부르신 하나님의 음성에 순종하는 길이며, 남이 알아보지 못하고 심지어 알아주지 않을 지라도 하나님의 소명을 붙잡고 끝까지 달려가야 하는 길이다. 심지어 남들 보기엔 하나님의 징계를 받는 것 같은(고전 4:11-13) 지난한 시간과 고통의 세월을 참고 견디며 온갖 풍파를 거슬러 싸우는 시간일 수도 있다.

미주리 주 세인트루이스 도심에 서른 명의 사람들과 함께 교회를 개척하여 나중에는 두 곳에서 7백 명이 모이는 탄탄한 교회로 성장시킨 패트릭 (Darrin Patrick)에 따르면, 교회 개척을 결정짓는 가장 중요한 요소는 사람 바로 교회 개척자라고 말하면서, 교회 개척자는 구원받은 사람, 부름 받은 사람, 자격을 갖춘 사람, 목양하는 사람, 결단력 있는 사람이어야 함을 강조했다.[94] 특히 그는 중생하지 못한 목회자가 목회하는 교회가 처하게 될 영적으로, 공동체적으로, 선교적으로 고통을 받다가 소멸하게 될 위험을 강하게 경고했으며,[95] 목회는 사람의 힘으로는 불가능한 일이기 때문에 하나님께로부터 불 같은 강력한 부르심을 받고 또 영혼 구령과 목회에 마음이 불붙어서 골수에 사무치는 사람이 아니면 안된다고 말했다.[96] 뿐만 아니라 신약성경이 정한 감독 또는 장로직의 자격 (딤전 3:1-7, 딛 1:5-9)을 갖춘 사람이어야 할 것과 거룩한 목양자여야 할 것, 그리고 강인하고 결단력이 있어야 할 것 등을 강조했다.[97]

그러므로 확실한 소명을 받았을 때에만 힘들고 낙심되고 좌절되는 상황 속에서도 믿음을 잃지 않고, 끝까지 교회개척의 사명을 향해 달려갈 수 있을 뿐만 아니라 하나님의 꿈을 이루어 드릴 수 있다. 복음이 전파되지 않은 곳에 가서 생명의 복음을 전파함으로써 "이방인들이 듣고 기뻐하여 하나님의 말씀을 찬송하며 영생을 주시기로 작정된 자는 다 믿더라"(행 13:48)는 영혼의 구원의 역사가 일어나고, 이에 하나님을 예배하는 예배공동체가 세워지는 것은 소명을 받은 목회자의 꿈일 뿐만 아니라 하나님의 꿈이기도 하다. 하나님의 부르심을 듣고 이에 순종하는 일은 인간이 누릴 수 있는 최고의 영예이기 때문에,98 교회 개척이란 지극히 높은 부르심을 받는 일은 하나님의 영광스러운 형상으로 지음을 받은 인간의 참된 위엄을 드러내는 일이 확실하다.

교회개척이 어느 특정한 개인의 사명이기보다는 교회의 사명임을 밝히고 교회 분립에 의한 개척에 대해서 연구한 이채준에 따르면 교회개척 방법에는 여러 가지가 있는데, 즉
  1) 개인소명에 의한 교회개척,
  2) 자비량에 의한 교회개척,
  3) 개척팀을 구성한 교회개척,
  4) 파송교회의 지원에 의한 교회개척,
  5) 교회분립에 의한 교회개척99 등 다양하다.

이렇듯 방법은 다양하지만, 그럼에도 가장 중요한 것은 하나님이 나를 부르셨다는 부르심에 대한 확신과 이러한 부르심에 대한 분별과 검증이다. 하나님의 부르심이 개인적인 것이긴 하지만, 그럼에도 교회

의 개척에 대한 하나님의 소명은 객관적으로 검증할 수 있으며, 객관적인 분별의 과정을 거쳐야 한다. 사도 바울과 바나바가 이방세계에 교회를 개척하라는 부르심을 받았을 때에 안디옥교회는 금식하며 기도하는 시간을 가졌다 (행 13:2,3). 안디옥교회는 이러한 시간을 가짐으로써 하나님의 소명을 검증하는 시간을 가졌을 것이다. 하나님의 부르심이 분명하다면 교회개척 소명자가 일을 서두를 필요가 없다. 오히려 하나님께서 서둘러 일을 진행하시는 것을 확인하면서 진행하는 것이 좋다.

3) 목회자의 은사

교회 개척자는 교회개척 파송을 받기 이전에 이미 교회에서 목회의 은사를 활용함으로써 그리스도의 몸된 교회의 지체들을 강하게 세워주는 사역을 통해서 은사적인 검증을 마친 사람이어야 한다. 그러므로 가능한 기존 교회에서 다양한 사역 분야와 영역에 참여하여 훌륭한 성과를 낸 이력과 다양한 목회 경험이 있어야 할 뿐만 아니라 특별히 개척목회에 적합한 영적인 은사를 가진 자라야 한다.[100]

맬퍼스는 교회 개척자에게 필요한 은사에는 사도의 은사, 전도의 은사, 믿음의 은사, 다스리는 은사, 설교하는 은사, 가르치는 은사 등이 있다고 말하면서 여섯 가지를 꼽았다.[101] 왜냐하면 사도란 복음 전파를 위해, 혹은 교회를 세우기 위해 파송된 자이듯이 교회개척 목회자도 마찬가지이기 때문이다. 오늘날 초대교회 사도와 같은 사도권을 가진 사람은 없지만, 교회 개척자야말로 현 시대에 사도의 기능과 역할을 하는 사람이라고 할 수 있다.[102]

그러므로 이제 성령의 은사란 무엇이며, 교회를 성장시키고 발전시키는데 필요한 은사가 무엇인지 살펴보자. 하나님께서는 교회에 다양한 은사를 주심으로써 그리스도의 몸으로서의 교회를 세우기를 원하셨다. 사도 바울은 '성령의 은사 (the Spiritual gifts)'를 언급할 때, 그리스어 단수형 카리스마와 복수형 카리스마타를 사용했다.

이렇게 신약성경에서 은사를 언급하는 대표적인 본문은 로마서 12장 6-8절, 고린도전서 12장 6-10절, 12장 28-30절, 에베소서 4장 7-12절 등이 있다. 이 성경구절들은 모든 성도들이 개인적으로 받게 되는 성령의 은사와 사도와 선지자, 그리고 복음전하는 자와 목회자와 교사 같은 직분을 소개하는 부분이 함께 혼합되어 있기 때문에 이러한 구절을 읽을 때에는 세심한 주의가 필요하다. 다시 말해서 고린도전서 12장 6-10절, 28-30절, 로마서 12장 6-8절 등은 성령님이 그리스도의 몸된 교회를 유익하게 하고자 "그의 뜻대로 각 사람에게 나누어 주시는"(고전 12:11) 개인적인 은사를 가리키는 구절이라면, 에베소서 4장 11절은 성도 개인들에게 주시는 은사가 아니라, 교회에 직분자를 세우시는 것을 가리키는 구절로 보아야 한다. 신약성경은 이렇게 교회를 위해 은사와 직임의 차이점을 분명히 밝히고 있다. 고린도전서 12장 4,5절을 보면, 은사와 직임(또는 직분)을 분명히 구분하고 있으며, 은사는 성령님에게서 또한 직임(또는 직분)은 주님에게서 오는 것으로 말하고 있다.

이렇게 다양한 은사가 교회에 주어진 것은 전적으로 하나님의 은혜이며 또한 선물이다. 성령의 은사를 생각할 때, 이렇게 다양한 은사를 교회에 주시고 또한 각 사람에게 서로 다른 은사를 주시는 것은 전적으로 성령님의 주권에 달린 일이란 사실을 늘 기억해야 한다 (고전 12:8-11). 이러한 다양한 은사는 은사간의 협력을 통해서 그리스도의 몸을 세우기 위한 것이기 때문에, 성경은 은사간의 우월을 말하고 있지 않다. 다만 그리스도의 몸된 교회의 각 지체들에게 다양한 은사가 주어졌기 때문에 서로 존중하고 또한 서로의 은사를 존귀하게 여길 것을 교훈하고 있다 (고전 12:12-25).

더욱이 이러한 은사들을 사용하는데 있어서 가장 중요한 은사가 있는데, 그것은 더욱 큰 은사이자 또한 가장 좋은 길로서 사랑이다 (고전 12:31). 교회에서 성령의 은사를 사용하고 활용하는 가장 중요한 내적인 동기는 사랑이어야 한다 (고전 13:1-7). 그러므로 개척교회엔 항상 사랑이 흘러 넘쳐야 하며, 서로 사랑하는 분위기가 교회전체를 지배해야 한다 (요 13:34,35). 누구라도 교회에 왔을 때, 사랑받는 느낌을 받을 수 있어야 한다. 이러한 사랑을 흠뻑 받고 간 사람은 "하나님이 참으로 너희 가운데 계신다 전파하는" (고전 14:25) 일을 하게 될 것이며, 이런 교회에 함께 하고픈 열망을 갖게 될 것이다. 이제 신약성경에 나타난 성령의 은사들을 표로 정리하면 다음과 같다.

고린도전서 12:6-10	고린도전서 12:28-30
지혜의 말씀	사도
지식의 말씀	선지자
믿음	교사
병고치는 은사(신유)	능력을 행하는 자
능력 행함	병 고치는 은사
예언함	서로 돕는 것
영들 분별함	다스리는 것
각종 방언 말함	각종 방언을 말하는 것
방언들 통역	방언을 말하는 자
	통역하는 자
로마서 12:6-8	에베소서 4:11
예언	사도
섬기는 일	선지자
가르치는 일	복음 전하는 자
위로하는 일	목사와 교사
구제하는 일	
다스리는 일	
긍휼을 베푸는 일	

〈표 3〉 신약성경에 나타난 은사

성경적인 성령론을 연구한 김병대는 고린도전서 12장 6-10절에서 말하는 성령의 은사는 신약교회의 모든 성도들이 성령님의 값없이 주어지는 선물을 받아, 교회의 한 지체로서 봉사하며 그리스도의 몸된 교회를 섬기기 위한 것이라고 보았다. 그는 이렇게 정의했다.

> 은사는 신적 은총으로 대가 없이 거저 받는 선물인 것으로 교회를 위해 봉사하기 위해 주어지는 것이다. … 신약 성도인 우리는 거룩한 교회의 다양한 각 지체로서 위치하고 구원의 은혜를 누리고 찬양하며 시여된 은사를 통해 봉사하므로 성전 된 몸을 하나님이 기뻐하시는 산 제물로 드려야 하는 의무를 지게 된다. 따라서 신약 성도는 누구나 교회의 지체가 되며 그 각 지체마다 에는 고유하게 기능과 역할을 할 수 있도록 은사를 갖게 된다.[103]

그렇다면 모든 성도가 은사를 받았을 뿐만 아니라, 목회자는 특별히 교회에서 하나님의 말씀을 가르치는 일을 하도록 부르심을 받았기 때문에 성령으로 말미암아 지혜의 말씀과 지식의 말씀의 은사를 받았으며 (고전 12:8), 뿐만 아니라 능력을 행하고, 예언하고, 영들을 분별하는 은사를 받은 사람이다 (고전 12:10).

반면 고린도전서 12장 28-30절은 모든 성도들이 받은 은사를 언급하는 것이 아니라 하나님이 교회에 세우신 직분과 함께 특별한 은사를 언급하고 있다. 은사는 모든 성도에게 주어지지만, 직분은 하나님이 부르시고 세우신 사람에게만 주어진다.

> 하나님이 교회 중에 몇을 세우셨으니 첫째는 사도요 둘째는 선지자요 셋째는 교사요 그 다음은 능력을 행하는 자요 그 다음은 병 고치는 은사와 서로 돕는 것과 다스리는 것과 각종 방언을 말하는 것이라 다 사도이겠느냐 다 선지자이겠느냐 다 교사이겠느냐 다 능력을 행하는 자이겠느냐 다 병 고치는 은사를 가진 자이겠느냐 다 방언을 말하는 자이겠느냐 다 통역하는 자이겠느냐. (고전 12:28-30)

로마서 12장 6-8절은 구원받은 성도들이 받은 은사에 관해서 "우리에게 주신 은혜대로 받은 은사가 각각 다르니 혹 예언이면 믿음의 분수대로, 혹 섬기는 일이면 섬기는 일로, 혹 가르치는 자면 가르치는 일로, 혹 위로하는 자면 위로하는 일로, 구제하는 자는 성실함으로, 다스리는 자는 부지런함으로, 긍휼을 베푸는 자는 즐거움으로 할 것이니라"고 다양하다는 사실을 말해준다. 여기에 나열된 은사 가운데 목회자는 예언, 가르침, 위로, 구제, 다스림, 긍휼의 은사를 받았으며, 자신이 받은 은사를 가지고 교회에서 앞서 섬기는 일에 모든 성도들에게 본이 되어야 한다.

성령의 은사와 교회성장과의 관계를 연구한 정한구에 따르면, 성령의 은사는 그리스도의 몸된 교회의 각 지체들에게 주어졌으며, 유기적으로 서로 협력하여야 하지만, 인간의 의지적 작용에 반하여 행동하도록 강제되지는 않는다는 점을 지적했다.[104] 그렇기 때문에, 성도들이 자신의 은사를 교회에서 적극적으로 사용하도록 북돋아줄 필요가 있으며, 그것이 바로 영적인 리더로서 목회자의 역할이다.

에베소서 4장 11,12절은 모든 성도들을 대상으로 하고 있는 고린도전서 12장과는 달리 직분에 속한 은사들을 나열하고 있으며, 이에 "그가 어떤 사람은 사도로, 어떤 사람은 선지자로, 어떤 사람은 복음 전하는 자로, 어떤 사람은 목사와 교사로 삼으셨으니 이는 성도를 온전하게 하며 봉사의 일을 하게 하며 그리스도의 몸을 세우려 하심이라"고 말하고 있다. 여기서 소개하고 있는 것은 성령께서 성도 개인들에게 나눠 주시는 다양한 은사가 아니라, 그리스도께서 그리스도의 교회에 주신 은사자들 또는 직분자들이다.[105] 이 은사자들 또는 직분자들은 그리스도에게서 직분을 받아 성도들을 온전하게 하는 일을 하며, 봉사의 일을 하게 함으로써 그리스도의 몸을 세우는 일을 하는 사람들이다.[106]

오늘날 사도와 선지자들은 더 이상 없기 때문에, 그렇다면 복음 전하는 자와 목회자는 서로 협력하여 그리스도의 복음을 전해 영혼을 구령하고, 구원받은 성도들을 가르치고 양육함으로써 그리스도의 몸을 세우는 일을 하도록 그리스도께서 교회에 주신 선물(또는 은사자)이다. 특히 목회자는 목자와 교사 (pastors and teachers)로서 성도를 온전하게 하며 봉사의 일을 하게 하며 그리스도의 몸을 세우는(엡 4:12) 사역을 위해 목양과 가르치는 은사를 부여받은 사람이다.

그리스도의 몸된 교회가 양적으로 또한 질적으로 건강하게 세워져 가려면 모든 성도들의 은사가 계발되어야 하며, 다양한 은사들이 서로 협력함으로써 시너지 효과를 낼 수 있어야 한다. 그러기 위해선 목회자는 강단을 통해서 성도들에게 동기를 부여해 주어야 하며, 함께 교회 성장을 꿈꾸면서 지속적으로 하나님의 말씀을 통해서 영혼을 구령하는 일과 전도에 참여하도록 도전할 필요가 있다. 이를 통해서 성도들이 자신의 은사를 발견할 수 있는 장을 열어주어야 할 뿐만 아니라 그들의 은사가 계발될 수 있는 여건을 마련해주어야 한다. 필요하다면 소그룹 성경공부 모임이나 각종 프로그램을 계획해서 성도들이 그리스도의 몸된 지체로서 자신의 정체성과 역할을 깨달을 수 있게 해주어야 한다. 목회자는 이렇게 가르치고 설교하고 목양하는 은사를 지혜롭게 잘 활용해야 한다.

마지막으로 살펴볼 구절은 베드로전서 4장 10절, "각각 은사를 받은 대로 하나님의 여러 가지 은혜를 맡은 선한 청지기 같이 서로 봉사하라"이다. 이 구절은 은사가 청지기적인 책임이 있음을 우리에게 알려준다. 모든 성도는 자신이 받은 은사와 은사 사용에 대해서 책임을 지고 있으며, 장차 그리스도의 심판대에서 해명을 하게 될 것이다 (롬

14:12, 고후 5:10). 그렇다면 목회자는 더욱 큰 책임과 심판이 있음을 알아야 한다 (약 3:1). 깨끗한 양심과 거짓없는 마음으로 리더십을 사용하였는지, 개인적인 욕심이나 욕망을 위해 리더십을 오용하거나 남용하지 않았는지, 불순한 마음이나 태도로 목회자에게 주어진 힘과 권력을 사용하지는 않았는지, 하나님 앞에서 회계하게 될 것이다.

사도들과 선지자들이 놓은 그리스도의 터 위에 교회를 세우는 일은 (고전 3:10-13, 엡 2:20) 인간의 재료를 가지고 세우는 것이 아니라, 성령께서 주신 은사를 가지고, 영적인 은사를 통해서 세우는 것이기 때문에 모든 성도들의 은사가 가능한 대로 최대한 활용되도록 해야 한다. 이 사실에 더하여 목회자의 은사는 이러한 다양한 은사들을 조율하고, 조정하고, 관리하고, 인도하는 은사이기 때문에 목회자는 자신의 은사가 성령의 인도하심을 따라서 잘 계발되도록 힘써야 한다.

정한구에 따르면 하나님께서는 교회 내의 일부 특별한 사람들에게 목회의 은사를 주시며, 목회의 은사를 받은 사람은 교회 공동체의 구성원들이 영적으로 번영할 수 있도록 돕는 사명을 감당하게 되며, 이를 위해서 성도들에게 하나님의 말씀을 가르치고, 설교하며, 목양하는 일을 하게 된다.[107] 이런 의미에서 목회의 은사는 교회가 성장하는데 필수적인 은사다. 목회자는 영적인 지도력을 발휘하여 성도들이 가진 은사 뿐만 아니라 잠재능력을 최대한 활용할 수 있는 기회를 제공하고 또한 도와주어야 하며, 하나님의 영광을 위해 기꺼이 자신을 헌신할 수 있는 신앙을 함양할 수 있도록 해주어야 한다.

교회는 다양한 은사들이 하나님의 영광을 위해서 함께 협력하는 역사의 장이기 때문에, 목회자는 이러한 다양한 은사들의 협력과 동역을 통해서 하나님의 위대한 역사가 나타나도록 애써야 하며, 일치와 하나됨을 통해서 하나님의 영광이 꽃피우게 해야 한다. 이러한 영적인 리더십은 개척교회 상황에서 매우 필요하다. 영적인 리더십이 건강하면서도 강력하게 나타날 때, 교회는 성장하고 또 부흥할 수 있기 때문이다.

특별히 개척교회 상황 하에서 목회자의 리더십은 하나님의 나라의 관점에서 복음을 전하고, 성도들의 영적인 변화와 성장을 함께 도모하는 양상으로 나타나야 한다. 개척교회 초기엔 목회자 홀로 전도하는 일과 설교하는 일에 주력할 수밖에 없지만, 한 두 사람씩 구원받는 성도들이 더해지고 또 영혼을 구령하는 일에 동역자들이 더해진다면 그들의 은사를 더욱 계발하고 또 전도하는 일에 더욱 분발하고 헌신할 수 있도록 격려하여 하나님의 일에 적극적으로 참여할 수 있도록 영적으로 인도하는 일을 해야 한다.

박원길에 따르면, "하나님은 세상의 역사와 문화, 인간의 삶 전반을 비롯한 전 피조세계를 향한 하나님의 선교 목적을 성취하시기 위해 교회를 선교적 도구로 부르셨고 선교명령을 위임하셨다. 그러므로 교회는 세상을 향하여 하나님의 복음을 증거하는 하나님의 선교 도구가 되어 하나님 나라를 확장하는 공동체"[108]다. 이러한 선교적 교회는 목회자와 성도들이 하나의 팀을 이루고, 모든 성도들의 은사를 적극적으로 활용하는 교회이며 또한 예배에 참여하는 성도들이 이방인에게 복음을 전하는 제사장의 역할(롬 15:16)을 충성스럽게 감당하는 교회다.

그러므로 개척교회 초기부터 목회자는 성도들이 관람객의 입장에서 예배에 참여하지 않도록 제자훈련에 힘써야 하며, 영혼을 구령하는 기쁨을 맛보며 영혼 구령에 힘쓸 수 있도록 잘 가르치고 양육하며 훈련해야 한다.[109] 이러한 선교적 교회의 특징을 가지고 있는 개척교회의 목회자는 "성도를 온전하게 하며 봉사의 일을 하게 하며 그리스도의 몸을 세우는"(엡 4:12) 일에 힘써야 한다. 그리하여 함께 그리스도의 몸을 세우고, 함께 하나님의 나라를 확장하는 동역자로 삼을 수 있어야 한다.

제3장 개척교회의 성장과
목회자 리더십 유형의 관계

본 장에서는 목회자 리더십의 다양한 유형과 교회개척에 필요하고 또한 개척교회를 성장시키는데 필요한 리더십 유형에 대해서 살펴보고자 한다. 목회자가 섬기는 교회가 안정성장형교회인지, 아니면 개척교회형교회인지에 따라 어느 리더십이 더 유효하게 작용하는지 달라지게 될 것이고, 이렇게 리더십과 교회상황과의 관계를 파악하게 된다면 목회자는 교회개척을 위해서 자신이 어떤 유형의 리더십 자질을 더욱 연마해야 할 것인지를 이해하게 되고, 이에 충분한 준비를 할 수 있을 것이다.

목회자 리더십과 교회 성장의 관계

교회 성장의 핵심은 영적인 리더십이다. 그러므로 영적인 목회자는 무엇보다 하나님을 경외하는 사람이어야 한다. 미국 텍사스주에 있는 목회상담센터와 폴 트립 미니스트리 (Paul Tripp Ministries)의 대표인 트립 (Paul David Tripp)은 목회자는 모든 일을 하나님을 경외하는 마음으로 해야 할 것을 설명하면서, 하나님에 대한 경외심이 목회자의 삶에 중심을 잡을 때 모든 일이 본래의 자리에 있을 것이며, 그렇지 않으면 모든 것이 본 궤도를 이탈하게 될 것이란 점을 강조했다.[110]

그러므로 목회자는 하나님과의 친밀한 관계에 힘써야 하며, 성령의 인도하심을 따라서 영적인 능력과 건전한 지혜로 삶을 살며, 이로써 실천적인 경건 생활이 몸에 배어 자연스럽게 흘러나와야 한다. 이를 위해서 기도생활과 끊임없는 자기 훈련을 통해서 리더십의 영성을 유지해야 한다.[111] 이러한 영적인 리더십은 사실 목회자의 본성 자체가 되어야 하며, 본성에서 자연스럽게 흘러나올 정도가 되어야 한다.

블랙커비는 "영적 리더십은 성령의 사역과 성품에 근거한다. 즉 인도하시고 능력 주시는 성령의 임재가 없다면 리더는 직위와 상관없이 영적 권위를 얻을 수 없다"[112]고 말했는데, 이는 영적인 목회자는 무의식적으로 성령의 인도하심을 따라서 사는 정도까지 성령의 임재 속에 거하는 삶을 살아야 함을 강조하는 것이다. 이렇게 형성된 실제적인 영성과 결합된 영적 리더십은 교회 성도들 뿐만 아니라 지역 사회에 거룩한 영향을 끼치게 되어 있기에, 교회 성장과 직접적으로 연결되어 있으며, 영적인 부흥의 원동력으로 작용하게 될 것이다.

목회자마다 은사나 달란트, 관심분야와 선호하는 교회 유형이 있기 때문에 영적인 리더십은 교회가 처한 상황에 따라서 다르게 나타날 수 있다. 또한 목회자는 자신에게 잘 맞는 리더십 유형이 있기 때문에, 자신의 리더십 유형에 따라서 섬길 때 사역의 기쁨과 보람을 최대한도로 느끼게 될 것이며, 게다가 리더십의 효과도 최대한도로 나타날 수 있다.

이에 맬퍼스는 리더를 4가지 유형, 즉 "(1) 지휘자형 - 야심만만하고 강인한 리더, (2) 사교가형 - 변화무쌍한 호인형 리더, (3) 외교가형 - 지극 정성 보좌역 리더, (4) 분석가형 - 철두철미 실리형 리더"[113]로 구분했으며, 각 유형의 장점과 단점을 제시하면서 자신에게 맞는 이상적인 사역 환경을 찾아야 할 것을 조언했다.[114] 모든 목회자는 이 네 가지 중 하나에 해당될 것이기 때문에, 자신의 리더십 유형을 알고 자신에게 잘 맞는 교회에서 섬기는 것이 좋다.

뿐만 아니라 만일 목회자가 교회 개척을 고려하고 있다면, 관리와 리더십의 차이점을 분명히 인식할 필요가 있다. 왜냐하면 안정성장형 교회에서 행정과 경영을 잘 감당했어도, 교회를 개척하는 일에는 강력한 리더십이 필요하기 때문이다. 이러한 차이점에 대해서 리더십 및 변화관리 분야의 세계적인 권위자인 코터 (John P. Kotter)는 이렇게 설명했다.

 리더십 기능은 조직이 나아갈 방향을 설정함으로써 기업이 건설적인 변화를 시작하도록 만든다. 또한 중장기적인 비전을 개발하고, 그 비전을 실현하는데 필요한 변화, 즉 혁신의 전략을 수립한다. … 관리는 인력을 조직하고 적절하게 배치함으로써, 수립된 계획을 실현시킬 수 있는 능력을 개발하는 기능이다. 조직구조를 만들고 계획에 부합하도록 직무체계를 수립하며 적절한 인력을 직무에 투입하고, 계획을 구성원들에게 알리고 계획을 실행하는데 필요한 권한을 위임하고, 통제 시스템을 만드는 것 등이 모두 관리기능에 속한다.[115]

 간단하게 정리하자면, 관리는 복잡한 상황에 일정한 원칙을 따라서 대처하는 기능이라면, 리더십은 변화에 대처하는 기능이다.[116] 그렇다면 교회개척은 관리자의 영역이 아니라 리더의 영역이며, 관리의 기능으로 되어지는 일이 아니라 리더십의 기능으로만 가능한 일이다. 관리의 기능은 개척교회가 어느 정도 성장 단계에 들어갔을 때 필요한 기능이다.

 교회를 개척한다고 했을 때, 과연 어떤 교회를 세울 것인가라는 질문을 해보아야 한다. 단순히 세상에 교회 하나를 더하는 것을 교회개척이라고 볼 수는 없다. 깊은 영성과 따스함이 넘치는 작은 교회공동체를 추구했던 터커 (Ruth A. Tucker)는 교회의 존재 가치는 크기가 아니라 깊이에 있다고 말하면서, "작은 교회에는 대형 교회의 행정적 골칫거리가 없다. 작은 교회는 분주한 행정 활동을 모두 잊을 수 있다. 다른 일을 내려놓고 그저 양떼만 살피며, 만물을 붙으시는 하나님만 묵상하면 된다"117고 은유적으로 표현했다. 이러한 열망은 지상에 성경적인 교회를 구현하고 싶어 하시는 하나님의 마음을 그대로 표현하고 있다.

사실 작지만 성경적인 교회를 지향하는 움직임은 그저 대형교회를 탈피하는데 의의가 있는 것이 아니라 "새로운 시대의 상황에 맞게 변화된 교회의 비전을 제시하기 위해 함께 연구하며 교회의 외형보다는 교회의 본질을 회복하자" 118는 모토를 기반으로 한 선교적 교회 (missional church) 운동에 있다.

이머징 교회 연구소 소장인 깁스 (Eddie Gibbs)는 이러한 선교적 교회를 이렇게 정의했다. 선교적 교회는 다음과 같은 기준을 가지고 있다.
1) 영적으로 죽어 있는 영혼을 다시 살리는 그리스도의 복음을 선언하는 교회다.
2) 모든 지체들이 그리스도의 제자가 되기 위한 학습에 참여하는 공동체다.

3) 성경은 하나님의 말씀이며, 진리의 요체이기에 오직 성경만을 교회의 근간으로 삼는다.
4) 그리스도의 삶, 죽음, 그리고 재림에 참여하기 때문에 세상과는 구별됨을 이해한다.
5) 하나님의 구체적인 선교적 사명이 전 공동체와 각 성도들을 위한 것임을 인식한다.
6) 그리스도인들이 서로를 향해 그리스도인답게 행동한다.
7) 그리스도의 사랑으로 화해를 실천하는 공동체다.
8) 공동체 내의 사람들이 서로를 사랑할 책임을 진다.
9) 선한 대접을 실천한다.
10) 예배는 하나님의 존재와 하나님이 약속하신 미래를 기쁨과 감사로 축하하는 공동체의 중심된 행위다.
11) 생명력 있는 증인이 있는 공동체다.
12) 하나님의 나라의 운동력 있는 역사의 현장이라는 것을 인식한다.[119]

이러한 선교적 교회의 12가지 기준은 모든 교회가 지향해야 하는 목표라고 할 수 있다. 어쩌면 오늘날 모든 교회들이 반드시 회복해야 하는 교회의 존재가치일 수도 있다. 그러므로 개척교회는 단순히 세상에 하나 더 교회를 세우는데 의의가 있는 것이 아니라, 이 세상에 이러한 선교적 교회의 12가지 기준을 충족시키는 교회를 세우는데 있다. 이러한 선교적 교회를 향한 비전과 목표를 이루기 위해선 성경적인 목회자 리더십이 확고히 정립되어야 한다.

개척 교회를 위한 기본적인 3가지 목회자 리더십

선교적 교회를 지향하는 교회개척을 위해선 교회의 발전과정을 이해할 필요가 있다. 사실 안정성장형교회란 개척교회 상황을 벗어나 재정적인 자립 뿐만 아니라 교회의 거의 모든 측면의 안정화가 이루어졌으며, 성장단계에서 성숙단계로 나아가고 있는 교회를 의미한다.[120] 세계적으로 건강한 교회로 평가 받은 풍성한교회를 개척한 김성곤은 "교회는 다른 유기체와 같이 출생-성장-성숙-쇠퇴-소멸의 과정을 거친다. 목회자는 이러한 생명의 유기체의 발전과정을 이해할 필요가 있으며 교회 또한 이러한 발전과정을 거친다는 사실을 볼 수 있어야 한다"[121]고 말했다.

안정성장형교회는 개척교회를 잉태하는 교회이며, 또한 모든 목회자 리더십의 모판역할을 하는 교회라고 할 수 있다. 목회자는 안정성장형교회에서 리더십을 훈련하고 계발하고 함양하게 되며, 또한 교회개척을 꿈꾼다. 이렇게 교회개척을 꿈꾸는 목회자는 이제 개척교회를 위한 기본적인 3가지 목회자 리더십을 갖추어야 하며 더욱 계발해야 한다. 이러한 기본적인 3가지 목회자 리더십에는 목자 리더십, 섬기는 종 리더십, 사랑의 리더십이 있다. 차례대로 살펴보자.

1) 목자 리더십

목회자는 우선적으로 하나님의 양무리를 목회하는 목자로서 부르심을 받았다(요 21:15-17, 벧전 5:1-4). 미국 웨스트민스터신학교 실천신학 교수인 위트머 (Timothy Z. Witmer)는 "교회 지도자들의 본질적 책임은 하나님의 양 떼를 목양하는 것이다. 결국 목사 (pastor)라는 단어는 목자 (shepherd)를 의미하는 라틴어에서 왔다"[122]고 말했다. 그렇다면 목자의 주된 임무는 무엇인가? 요한복음 21장을 보면, 주님은 베드로를 목자로 임명하시면서 목자의 주된 임무를 알려 주셨다. 그것은 바로 "내 어린 양을 먹이라 (Feed my lambs)…내 양을 치라 (Shepherd my sheep)…내 양을 먹이라 (Feed my sheep)"[123](요 21:15-17)는 것이다.

여기서 목회의 중요한 활동과 사역을 의미하는 중요한 2개의 단어가 등장하는데, 바로 먹이라 (feed)와 치라 (shepherd)는 단어다. 여기서 먹이고 목양하는 일은 무엇보다 말씀을 통해서 이루어진다. 이는 목자는 무엇보다 말씀을 가르치는 사람이며 (갈 6:6, 딤전 5:17), 지혜의 말씀과 지식의 말씀의 은사를 받은 사람이기 때문이다 (고전 12:8). 그러므로 목자는 말씀으로 영혼들을 구령하는 일을 하며 (벧전 1:23,25), 말씀으로 갓 거듭난 초신자들(그리스도의 어린 양들)을 양육하며 (벧전 2:2, 딤후 2:2), 또한 말씀으로 어느 정도 성숙한 신자들(그리스도의 양들)을 훈계하고 (행 20:31), 책망하고 (딤전 2:15), 때로는 징계하는 (딤후 2:25) 일을 한다.

목자 리더십으로 무장된 영적인 목회자는 교회 분위기가 항상 밝고 활기차도록 해야 하며, 성도들이 그리스도의 사랑으로 늘 환영을 받고 있으며 또한 친밀한 목양을 받고 있다는 감동을 받을 수 있어야 한다. 목자와 양들 사이의 친밀한 관계와 사랑이 목회의 핵심이기 때문에, 목자의 책무는 단순히 교회 강단에서 설교하는 것으로 끝나지 않으며, 단순히 소그룹 성경공부를 잘 해낸 것으로 그 소임이 끝나지 않는다. 거기서 멈추는 것이 아니라, 성도들의 삶의 자리와 현장에 가서 그들의 사정과 형편을 들어주고, 공감해주고, 위로해주고, 격려해주고, 그들의 눈에서 흐르는 눈물을 닦아줄 수 있어야 한다 (계 7:17).

목자의 직무와 관련해서 한 가지 더 생각해볼 것은, 목자는 하나님의 양떼를 율법주의 (갈 1:6,7) 또는 무법주의 (고전 3:3), 그리고 거짓된 교리 (행 20:28-30)로부터 보호하는 일을 하는 사람이다. 따라서 교회 개척 초기부터 하나님의 은혜의 복음과 영광스러운 구원의 교리를 전파함으로써 하나님의 양무리를 진리로 무장시키는 일에도 힘써야 한다. 아울러 성도들이 그리스도의 도의 초보에만 머물지 않고 영적인 성숙을 향해 나아가도록 (히 6:1,2) 격려하는 일을 해야 한다.

웨스턴 신학대학 중·소형교회 연구소장을 맡고 있는 데이먼(Glenn Daman)은 교회의 성공적인 목회를 위해 반드시 필요하고도 중요한 요소를, 교회 성도들의 성품을 계발하고 또한 성도들을 그리스도의 성품과 형상으로 변화시키는 것으로 꼽았으며, 그것이 교회의 목적이라고 강조했다.[124] 이것은 설교의 목표이기도 하며 또한 목회의 아름다운 결실이기도 하다.

이로써 영적인 목회자는 목자 리더십을 가지고 하나님의 양무리를 사랑하며, 그들의 행복한 신앙생활을 위해 기도해주고, 혹시 가족 중에 아직 예수님을 믿지 않는 사람이 있다면 그들도 하나님의 사랑의 품으로 돌아올 수 있도록 함께 기도하고 또 복음을 전할 수 있어야 한다.

2) 섬기는 종 리더십

목회자가 따라야 할 본은 주 예수 그리스도다. 그런데 예수님은 "인자가 온 것은 섬김을 받으려 함이 아니라 도리어 섬기려 하고"(마 20:28)라고 말씀하셨다. 목회자는 하나님의 양 무리 위에 군림하는 것이 아니라, 섬기는 종으로서 부르심을 받았다(벧전 5:3). 그렇다면 목회자의 본분은 하나님의 양 무리를 사랑하며, 섬기는 종이다.

미국 국가 기도위원회의 회원이며, 세계 선교를 위한 미국본부의 위원인 시다 (Pall Cedar)는 이러한 섬기는 종으로 살아가려면, 목회자의 마음이 예수 그리스도에 의해서 가득 채워져 있어야 하고, 그리스도에 의해서 다스림을 받아야 하며,[125] 사랑이 삶의 중심을 차지해야 하며, 사랑이 목회의 동기가 될 때에만 우리의 태도와 행동에서 사랑이 묻어나게 될 것이라고 했다.[126]

오늘날 가장 필요로 하는 리더십은 세상 리더에게서 배울 것이 아니라 예수님에게서 배워야 한다는 점을 강조한 김기제는 "성서적 리더십이란 무엇인가? 성서적 리더십을 한 마디로 요약하면 예수의 리더십이라고 할 수 있다. … 성경적 리더십의 원리는 섬기는 리더십이다"[127] 라고 말했다. 예수님의 리더십을 오늘날 살아내고 또 재현해야 하는 목회자는 하나님의 양 무리 위에 군림하는 것이 아니라, 섬기는 종으로서 부르심을 받은 사람이다 (벧전 5:3). 오늘날 예수님의 리더십을 어디서 볼 수 있는가? 바로 목회자에게서 볼 수 있어야 한다. 목회자의 본분은 하나님의 양 무리를 사랑하며, 섬기는 종이지, 왕처럼 권세를 행사하는 것이 아니다.

리더십 컨설턴트인 헌터는 목회자는 세상 리더처럼 권력이 아니라 권위로 이끌어야 한다고 말하면서, 이 차이점을 "권력은 원하지 않는 사람에 대해서도 자신의 지위 또는 세력을 이용하여 자신의 의지대로 행동하도록 강제 또는 지배하는 능력이라면 권위는 개인의 영향력에 의해 사람들을 기꺼이 자신의 의지대로 행동하게 하는 기술이다"[128]라고 설명했다. 이처럼 목회자는 자신의 위치와 자리가 주는 권력이 아니라, 개인의 영성과 경건성에서 묻어나오는 영적인 영향력으로 성도들을 이끌어야 한다. 이런 것이 서번트 리더십의 진수라고 할 수 있다.

조선시대 세종대왕과 미국 대통령 링컨의 리더십을 비교연구한 한명진에 따르면, 일반적으로 리더들은 항상 자신이 먼저라는 생각을 하고 리더로서 차후에 구성원들을 위하여 도와야 한다는 생각을 하며, 또한 사람들을 이끌어 갈 생각을 먼저 하지만 그들을 돕고 섬겨야 한다는 생각은 거의 하지 않는다고 말하면서 이러한 것을 리더 우선 (Leader-first)의 생각이라고 말했다.[129] 반면 서번트 우선 (Servant-first)의 생각을 가지고 있는 서번트 리더십은 "목적을 성취의 결과나 과정으로서 수단으로 보지 않고 성장과 발전의 대상으로 본다. 사람이 일보다 우선이며 구성원들이 성공하고 성장할 수 있도록 헌신하고 봉사하면 잘될 것이라 믿고 … 구성원들을 존중하고 그들의 창조성을 도와주며 구성원들의 진정한 협력을 이끌어가는"[130] 리더십이라고 정의했다.

이러한 섬기는 종 리더십은 교회 성도들을 단지 자신의 목회의 대상이며 또한 자신의 리더십에 순종해야 하는 추종자로만 보는 것이 아니라 그들을 자신과 더불어 공동의 목표를 이루기 위한 하나의 팀으로 본다. 바로 여기서 목회자와 성도간의 협력과 동역에 의한 시너지 효과가 나온다. 그저 혼자서 교회의 모든 짐을 짊어지고 앞에서 끌고 뒤에서 밀지만, 정작 성도들은 영화관의 관객처럼 구경만 하는 영화관 스타일의 모습은 결코 바람직한 교회의 모습이 아니다. 사실 모든 성도들이 성령께서 부여하신 은사를 따라서 함께 공동으로 교회의 사역에 참여하는 모습이 사도 바울이 꿈꾸었던 교회의 참 모습이었다(엡 4:12).

3) 사랑의 리더십

목회자는 우선적으로 예수님처럼 영혼을 사랑하는 사람이다. 예수님은 항상 자신의 삶의 목표를 "인자가 온 것은 잃어버린 자를 찾아 구원하려 함이니라" (눅 10:10)고 명확하게 밝히셨다. 이렇게 영혼을 구령하는 일은 사랑 없이는 불가능하다. 예수님은 영혼을 사랑하는 마음으로 불타셨으며, "우리가 다른 가까운 마을들로 가자 거기서도 전도하리니 내가 이를 위하여 왔노라" (막 1:38)고 말씀하시면서 가능한 많은 영혼들을 얻고자 다른 마을로 찾아다니셨다. 그러므로 사랑의 리더십은 우선적으로 잃어버린 영혼을 가슴에 품고 영혼 구령하는 일에 솔선수범하며, 한 영혼이라도 더 얻고자 힘쓰는 강력한 동기를 가진 리더의 자질이다.

교회를 살리는 리더십 원칙을 강조한 우드 (Gene Wood)는 죽어가는 교회를 살리는 길은 영혼을 얻는 것이며, 그렇기 때문에 복음전도가 우선시되어야 한다는 점을 강조하면서, 목회자가 잃어버린 자를 방문할 때 그리스도를 전하면서 눈에 눈물이 고이는 것을 교회의 성도들이 볼 수만 있다면 머지않아 온 회중에게 이러한 열정이 전염될 것이라고 말했다.131 잃어버린 영혼들을 안타까워하는 마음으로 눈물을 흘리며 복음을 전하는 것은 사랑의 리더십의 본질이다. 예수님은 잃어버린 영혼들을 사랑하셔서 구원하기 위해서 오신 분이시고, 목회자는 이러한 예수님의 사랑을 전파할 뿐만 아니라 예수님의 사랑을 이 세상에 보여줄 수 있는 사람이기 때문이다.

그러므로 목회자는 예수님을 믿는 성도들을 예수님처럼 사랑하는 사람이다. 예수님은 제자들에게 "새 계명을 너희에게 주노니 서로 사랑하라 내가 너희를 사랑한 것 같이 너희도 서로 사랑하라"(요 13:34)고 말씀하셨다. 그냥 사랑하는 것이 아니라, 내 기준으로 사랑하는 것이 아니라, "내가 너희를 사랑한 것 같이", 즉 예수님처럼 사랑하는 것이다.

권위있는 목회 전문지 리더십 (Leadership)의 칼럼니스트인 한센 (David Hansen)은 "목사는 예수 그리스도의 비유이다. … 예수님의 비유가 되는 것은 예수님의 길을 따를 것을 요구한다. … 이것은 사랑과 겸손을 의미한다"132고 했다. 이는 영혼을 사랑하고 또 성도를 사랑하는 것이 곧 예수님의 길을 따르는 것이란 사실을 알 수 있다. 사랑하며 예수님의 길을 따를 때에만, 목회자는 영적인 권위를 가지게 된다. 그래서 15년 이상 강의, 설교, 상담, 복음 전도, 교회 개척 등 다양한 분야에서 사역해온 튜퐁 (Marc Dupont)은 "권위는 반드시 사랑이란 프리즘을 통하여 이해해야 하며, … 성경에서 예수님이 하신 일과 섬기신 모든 것의 동기를 면밀히 살펴보면, 일관되게 사랑이 그 추진력이었음을 알 수 있다"133고 했다.

기독교 리더십의 특징은 그 동기가 세상 리더십과 근본적으로 다르다는데 있다. 세상 리더십이 파워 또는 권력을 토대로 하고 있다면, 기독교 리더십은 사랑을 토대로 하고 있다. 미국 기독교와 사회 복지 사업에 가장 영향력 있는 지도자인 엥스트롬과 미국 복음주의 자유교회 교단 총회장인 시다 (Ted Engstrom and Paul Cedar)는 기독교 리더십을 정의하면서, "그것은 바로 사랑과 봉사에 기초를 둔 것이다. 그리스도와 그분이 보여주신 모범을 따르는 지도력이다. 가장 훌륭한 기독교 지도자란 이기심 없는 헌신, 용기, 결단력, 온정 그리고 설득력을 가지고 남에게 훌륭한 본을 보여주는 사람이다. 진정한 기독교 지도자는 물대야와 수건을 가진, 종 노릇하는 리더십 속에서 발견된다"134고 강조했다.

그러므로 이러한 사랑의 리더십으로 목회를 한다는 것은 그저 교회의 화합과 현상 유지를 위해 성도들의 비성경적인 행위에 눈을 감거나, 죄를 용납하는 것에 반대하는 설교를 하지 않고[135] 그저 묵인하고 눈감아주는 것을 의미하지 않는다는 것을 확실히 알아야 한다. 오히려 그렇게 하는 것은 하나님의 양무리를 결코 사랑하지 않는 행위인 것이다. 사랑의 리더십이란 사랑의 장이라고 할 수 있는 고린도전서 13장의 사랑을 실천하면서 하나님의 양무리를 목양하는 고귀한 리더십인 것이다.[136]

이러한 사랑 리더십을 목회에 구현해내기 위해선 그리스도의 사랑으로 강권함을 받아야 하며(고후 5:14), 그리스도의 마음을 품어야 하며(고전 2:16), 그리스도의 온유와 관용으로 무장해야 한다(고후 10:1). 한 마디로 나는 죽고 그리스도로 사는 삶으로만 가능하다. 목회자가 사랑 리더십을 살아내야 하는 이유는 "최고의 능력과 헌신도 사랑이 없으면 아무 가치가 없기 때문이다."[137]

이상 목자 리더십, 종으로 섬기는 리더십, 사랑의 리더십은 안정성장형교회와 개척교회형교회를 떠나 모든 목회자가 갖추어야 할 리더십의 핵심이요 또한 정수다. 이러한 세 가지 리더십은 어디에서 나오는 것인가? 사실 이러한 깊은 영적인 리더십은 리더로서 예수님을 본받는 데서 나온다. 예수님의 깊은 영성과 사역의 비결은 어디에 있었을까? 예수님의 사역의 비결은 아버지와의 끊임없이 나누는 사귐과 교제에 있었다. 빌리 그레이엄 복음주의 협회의 부회장을 지냈으며 또한 로잔 제1차 세계 복음화 국제 회의의 프로그램 의장을 역임한 포드(Leighton Ford)는 이 점을 정확하게 간파하면서 "예수님의 영혼은 짓눌리고 그 몸은 피곤했지만, 그 영적인 힘은 언제나 새롭게 되어 흘러넘쳤다. 예수님의 힘은 이처럼 깊은 차원에서, 즉 아버지와 끊임없이 나누는 교제에 깊이 뿌리를 내린 그분의 생활에서 나왔다"[138]고 말했다.

따라서 영적인 목회자 또한 예수님처럼 아버지와 친밀한 사귐 속에 들어가 "온갖 좋은 은사와 온전한 선물이 다 위로부터 빛들의 아버지께로부터"(약 1:17) 받아야 하며, 교회를 목회하는데 필요한 영적인 힘을 새롭게 받아야 한다. 혹시라도 너무 바쁜 목회 일정이나 사역에 치여, 이러한 아버지 하나님과의 사귐을 소홀히 한다면 영적인 힘은 고갈될 수밖에 없을 것이다.

개척 교회를 위해 더욱 계발해야 할 3가지 목회자 리더십

성령의 보내심을 받고, 새로운 지역에 가서 새로 시작된 개척교회에는 특별한 리더십이 필요하다. 교회가 설립된 지 5년 이내이며 또한 50명 이하의 성도들과 예비 신자들이 모이는 개척교회형교회[139]는 안정성장형교회처럼 모든 것이 갖추어진 교회가 아니기 때문에, 기존 중대형교회에 다니던 사람이 볼 때에는 무언가 부족하고 어설픈 모습을 느낄 수가 있다.

새로운 사람이 온다면 마음이 들뜨지만, 또 잘 적응하지 못하고 떠나는 성도들 때문에 마음의 시림을 뼈아프게 느끼는 교회다. 개척교회에는 기존 교회에서 잘 적응하지 못하고 방랑하다가 지인의 소개를 받고 오게 되는 경우도 있고, 길거리에서 나누어 준 전도지를 보고서 교회 문을 두드리는 경우도 있다. 그러므로 교회에 처음 오는 사람들이나 기존 교회에 다니던 사람들이 개척교회를 방문했을 때, 자신이 환영받고 있다는 인상과 감동을 받아야 한다.

개척교회는 초창기부터 복음 설교와 양육 설교를 병행할 필요가 있으며, 설교를 마친 후에도 가족적인 친밀한 분위기를 유지할 뿐만 아니라 영적인 분위기를 만드는 것이 좋다. 교회의 이러한 영적인 분위기는 매우 중요한데, 왜냐하면 다른 교회에서 느껴보지 못한 영적인 포근함을 느끼게 되면, 자신의 신앙과 교회를 이웃과 친구들에게 적극적으로 나누고 싶어할 것이기 때문이다.

이미 믿는 성도를 영접할 때, 예수님을 믿는다고 입술로 고백한다고 해서 무작정 영접해선 안된다. 기존 성도를 영접하는 일에는 분명한 원칙이 있어야 한다. 참된 회심의 여부를 확인해야 할 뿐만 아니라, 성실하고 신실하게 신앙생활하는 것이 몸에 배고, 습관화된 성도여야 한다. 개척교회의 상황과 사정을 이해하고, 함께 주와 복음을 위해서 헌신적으로 섬기려는 열정이 불타는 성도여야 한다. 이렇게 새로 더해진 성도들이 자리를 잡게 되면 자신이 다니던 교회와 다른 점, 차이점 때문에 이런 저런 것을 요구하는 일이 생길 수도 있다. 이런 경우 어떻게 대응하고 반응하느냐에 따라 그 성도 또는 구도자의 교회 출석여부가 결정되기 때문에, 아무래도 창조적이고 변화수용적인 리더십이 필요하다.

뿐만 아니라 새로 더해진 성도들을 잘 양육해서 영혼을 구령하는 자로, 영원한 멸망의 길을 가고 있는 영혼들을 불쌍히 여기고 그들에게 복음을 전파하는 복음전도자로 훈련시켜 세상에 내보내야 한다. 이를 위해서 카리스마 리더십이 필요하다. 여기서 카리스마 리더십이란 단순히 영력이 탁월한 리더십이란 의미가 아니라, 자신을 따르는 사람들에게 영감을 불어넣고, 충성과 헌신을 이끌어내어 목표를 성취해내는 탁월한 리더십을 가리킨다.

여기에 더하여 개척교회 목회자 혼자 교회의 모든 것을 어깨에 짊어지고 가는 것이 아니라, 성도들을 잘 구비시켜 그리스도의 몸의 한 지체로서 기능하도록 하기 위해선 권한 위임의 리더십이 필요하다. 이러한 창조적 리더십, 카리스마 리더십, 권한 위임의 리더십은 특히 개척교회형교회에 절대적으로 필요한 리더십이며, 앞서 언급한 기본적인 3가지 리더십 자질과 더불어 추가적으로 계발하고 연마할 필요가 있다.

1) 창조적 리더십

우리는 지금 엄청난 변화의 시대에 살고 있다. 과거에는 옳았지만 지금은 더 이상 옳은 것이 아닌 시대를 살고 있다. 김광웅은 우리가 사는 세상은 지금 정보·산업사회에서 창조사회로 들어갔으며, 이러한 시대의 흐름과 변화에 맞는 지도자가 되려면 무엇보다 창조적인 사고와 통합적 사고를 할 수 있어야 한다[140]고 말했다. 또한 김영한은 "리더는 새로운 변화를 감지하여 새로운 가치를 만들어내는 가치창조자가 되고 변화촉진자가 되어야 한다. 과거의 관료주의적인 리더십을 해체하고 상황에 따라 변하는 혁신 리더십으로 재무장해야 한다"[141]고 강조하면서, 만일 관료 리더십을 해체하지 못하고 혁신을 성공시키지 못하면 기업을 위기로 내몰게 될 것이라고 주장했다.[142]

또한 아무도 시도해보지 않았던 샴 쌍둥이 분리수술을 세계 최초로 성공적으로 해냈으며 그 결과 하나님의 손으로 불린 크리스천 의사인 카슨(Benjamin Carson)은 "창의성에는 반드시 위험이 따른다. 탐험과 혁신도 마찬가지다. 남들과 다른 생각을 하는 사람은 누구든 위험을 감수하는 셈이다. 리더십을 발휘하려면 수많은 위험을 각오해야 한다"[143]고 말했다. 이러한 위험을 감수하는 창의성은 하나님에 대한 절대적인 믿음과 전적인 신뢰에서 싹튼다. 그는 또한 "하나님은 당신에게 세상에 좋은 변화를 도출하도록 재능을 주셨는데, 사람들에게 잘 보이는 것을 더 우선시한다면 하나님이 주신 재능을 사용하는 일을 우선시할 때와는 다른 삶이 전개될 것이다"[144]라고 했다.

창조적 리더십은 하나님과 친밀히 동행하는 가운데서 형성된 깊은 신뢰심에서 나오는 산물이며, 창조주 하나님을 아는 지식에 의해서 새롭게 부여되는 선물로서 창조력(創造力)에 뿌리를 내리고 있다(골 3:10). 선교적 교회를 지향하는 개척교회는 원칙과 정통에 매여 있을 수 없으며, 기꺼이 관례의 멍에를 벗어나 새로운 가능성과 가치를 창출할 수 있는 리더십이 필요하다.

그렇다면 이러한 창조적 리더십은 막연히 미래를 기다릴 것이 아니라, 불확실한 미래를 미리 대비해서 시나리오 플래닝[145]을 할 필요가 있다. 이렇게 시나리오 플래닝을 통해서 미리 예상해보면 어떠한 상황이 일어나더라도 즉시 대처할 수 있으며, 비록 똑같은 일이 일어나지 않을지라도 창조적으로 응용해서 대처할 수 있다.[146] 개척교회 목회자는 개척교회 초기부터 교회의 출생과 성장과 성숙에 이르는 전 과정을 미리 예상해보고, 각 단계별로 시나리오 플래닝을 해두면, 결정적인 순간에 최선의 선택을 할 수 있다.

뿐만 아니라 최악의 상황을 미리 그려보고 그에 대한 대비책을 준비해두는 것도 좋은 방법이다. 기업 경영과 예수님의 경영 리더십을 연구한 브리너 (Bob Briner)는 아무리 초우량 기업이라 할지라도 한 세기를 넘기기 어려운데, 그 이유는 어려운 시기를 대비하지 않았기 때문이라는 점을 지적했으며, 위기를 모면하려면 예수님처럼 어려운 시기를 대비하는 지혜가 필요함을 강조했다.[147] 그러므로 향후 펼쳐지게 될 창조사회에서 가장 필요한 리더는 창조적 리더다. 창조사회의 도래를 예견했던 김광웅은 미래 창조사회에 요구되는 창조적 리더십을 다음과 같이 제시하고 있다.

> 창조적 리더십이란 의롭고 어진 성품으로 세상을 사랑하고 새롭고 아름답게 꾸미는 리더십, 구성원들과 권한과 책임을 공유하는 리더십, 권한과 책임을 되도록 위임하는 배분적 리더십, 중심이 따로 없는 대등한 리더십, 과학기술의 변화를 미리 알고 미래를 바로 볼 줄 아는 미래 리더십, 아름다움을 알고 더 의미있게 꾸밀 줄 아는 디지그노 리더십, 관계의 리더십, 단편적이 아니고 복잡성을 인지하고 융합적 사고를 하는 리더십이다.[148]

개척교회형교회에는 교회에 생전 처음 오는 새내기 구도자도 있고,

다양한 교파와 교단에 속해 있던 교회에서 신앙생활하던 기존 신자들이 이사나 직장의 전근 문제로 오기도 한다. 이러 저러한 사람들이 새로 교회에 더해지게 되면, 교회의 모든 상황이 계획하고 예측한 대로 흘러가지 않을 수 있으며, 다양한 요구에 직면할 수도 있다. 그렇기 때문에 기존 방식만을 고집한다면, 새로운 영혼 또는 새로운 신자를 잃을 수 있다. 이럴 때 필요한 것이 창조적 리더십이다.

그렇다면 창조적 리더십이란 성경의 진리를 훼손하지 않는다면, 형식과 틀에 관한 한 무엇이든 창조적으로 변화할 수 있는 리더십을 가리킨다. 교회의 성장 또한 기업의 시작과 성장, 성숙과 쇠퇴기를 그리는 성장곡선과 크게 다르지 않기 때문에, 목회자도 시대적 상황과 사회의 변화와 흐름에 대처할 수 있는 영력이 필요하다.

'포춘'지 500대 기업에 선정된 여러 기업과 대규모 미국 정부기관에 리더십 자문과 훈련을 하는 회사의 대표인 블랭크(Warren Blank)는 "조직은 규율, 정책, 규정, 절차를 통해 균형을 만든다. 이런 통제 장치를 통해 조직에 예측 가능성이라는 것이 생기는데, 이것은 다수의 사람에게 지시하고 체계적으로 사업하는데 필수적이다. … (그럼에도) 기존 균형이 더 이상 조직에 유익하지 않으면 과감히 깨뜨려야 한다"[149]라고 말했다. 창조적 리더십의 자질을 충분히 연마하지 못한 리더는 기존 조직의 규칙을 깨뜨리는 것을 두려워하다가 조직의 사활이 걸린 문제를 결정할 시기를 놓칠 수가 있다.

마찬가지로 카네기 리더십의 전문가인 최염순도 "지도자로서 성공하려면 자신의 방법을 항상 변화시킬 준비를 해야 한다. 상황을 예측하기 매우 어려울 뿐더러, 비록 시작이 올바르다고 하더라도 사물과 상황이 계속 변화하기 때문이다"[150]라고 말했다. 관리자적 리더십으로만 무장한 목회자는 결정적인 순간에 창조적인 변화를 시도하는 것을 두려워하다가 사람을 놓치고, 교회성장의 기회를 놓칠 수 있다.

사도 바울 또한 이러한 창조적 리더십을 갖춘 리더였다. 그는 항상 차원 높은 그리스도의 법을 마음에 품었고, 복음을 위하여 또한 한 영혼이라도 얻을 수만 있다면 모든 것을 행할 수 있는 믿음을 가지고 있었다. 그는 자신의 이러한 믿음을 이렇게 표현했다.

유대인들에게 내가 유대인과 같이 된 것은 유대인들을 얻고자 함이요 율법 아래에 있는 자들에게는 내가 율법 아래에 있지 아니하나 율법 아래에 있는 자 같이 된 것은 율법 아래에 있는 자들을 얻고자 함이요 율법 없는 자에게는 내가 하나님께는 율법 없는 자가 아니요 도리어 그리스도의 율법 아래에 있는 자이나 율법 없는 자와 같이 된 것은 율법 없는 자들을 얻고자 함이라 약한 자들에게 내가 약한 자와 같이 된 것은 약한 자들을 얻고자 함이요 내가 여러 사람에게 여러 모습이 된 것은 아무쪼록 몇 사람이라도 구원하고자 함이니 내가 복음을 위하여 모든 것을 행함은 복음에 참여하고자 함이라.(고전 9:20-23)

창조적 리더십이란 복음을 위하여 또는 한 영혼이라도 얻을 수만 있다면 성경의 진리를 훼손하지 않는 한도 내에서 자신의 교단이 정의한 형식과 틀을 창조적으로 변화시킬 수 있는 리더십이라고 말할 수 있다. 교회개척의 목표는 사실 교단 교회의 복제에 있지 않고, 그리스도의 몸된 교회를 세우는데 있다. 그러므로 개척교회 목회자는 성경에 정통해야 하며, 하나님의 말씀에 명시화되지 않은 부분에 대해선 성령의 인도하심을 따라서 자유롭게 해석할 수 있는 영성과 그러한 성령의 인도하심을 마침내 성취할 수 있는 리더십을 갖추어야 한다.

버니스, 스프라이처, 커밍스 (Warren Bennis, Gretchen M. Spreitzer, and Thomas G. Cummings)는 "리더는 자신이 창조적으로 되어야 할 필요는 없지만, 창조과정에 있어서 매우 중요한 역할을 해야만 한다는 것이다. 현장의 중요한 구성원으로서, 영역의 문지기로서 리더십의 위치에서 각 개인은 다듬어지지 않은 아이디어를 실제적인 현실로 만드는 열쇠를 쥐고 있다. 후원자로서 리더는 창조과정에서 없어서는 안될 매우 중요한 역할을 맡고 있다"[151]고 말했다.

그러므로 창조적 리더라고 해서 자신이 창조적일 필요는 없으며, 다른 사람들의 창조적 활동을 후원하는 역할만으로도 충분히 창조적 리더의 소임을 다하는 것[152]이란 사실을 알 수 있다. 따라서 창조적 리더십으로 무장한 목회자는 성령의 인도하심에 민감해야 하며, 교회 구성원들의 창조적인 생각까지 품을 수 있어야 한다. 즉 교회의 발전을 위해서 그들이 제안하는 이런 저런 이야기에 귀를 기울여 경청하면서, 목회자 자신의 생각과 다르더라도 기꺼이 그러한 제안을 교회발전에 반영시키려는 적극적인 자세가 필요하다. 그저 단칼에 그들의 제안을 거절하게 되면, 아이디어를 낸 성도는 자신을 무시한다는 인상을 받게 될 것이다. 반면 긍정적으로 반응하면서, 적극적으로 경청하는 자세를 취하면 자신의 생각을 존중해주는 모습을 보고 감동하면서, 보다 적극적인 신앙생활을 하게 될 것이다.

2) 카리스마 리더십

카리스마 리더십이란 리더가 자신을 따르는 사람들에게 영감을 불어넣고, 충성과 헌신을 이끌어내어 목표를 성취해내는 탁월한 리더십 자질이라고 할 수 있다. 김경수에 따르면, "카리스마적 권위는 개인 자신이 가지는 독특한 특성인 카리스마에 의하여 타인에게 영향력을 행사하고, 그 결과 타인이 따르게 된다는 것이다. 카리스마는 '신으로부터의 은총'으로 정의될 수 있는데, 신으로부터 은총을 받은 사람은 기적을 일으키고, 앞을 내다볼 수 있는 예견력과 통찰력을 가지고 있다"[153]고 설명했으며, "비전관련행동, 몸소 실천하는 행동, 그리고 위임행동을 보이는 리더만이 카리스마적 리더로 볼 수 있다"[154]고 덧붙였다. 카리스마 리더십의 핵심은 목표를 설정하고, 그 목표를 자신을 따르는 모든 사람들과 공유하고 또한 공동의 목표로 삼고서, 공동의 목표를 성취하는 일에 마음과 영혼을 뜨겁게 하고, 목표 성취에 그들의 온 열정을 쏟아붓게 하는데 있다.[155]

리더십의 본질을 리더의 카리스마로 본 맥켄(Deiric McCann)은 자신을 따르는 사람들에게 영향력을 극대화하려면 다음과 같은 카리스마 의사소통의 7가지 원칙을 철저히 지켜야 한다고 했다.

1) 긍정적 관점을 견지하라.
2) 제발, 경청하라!
3) 일대일로 의사소통하라.
4) 다른 사람들의 생각, 의견, 제안을 구하라.
5) 민감한 주제를 다룰 때는 솔직하게 대화하라.
6) 우려하는 바를 제기할 수 있는 편안한 분위기를 조성하라.
7) 보편적인 예의를 지켜라.[156]

개척교회 목회자는 개척교회라는 고되고 힘난한 환경 속에서도 하나님이 함께 하신다는 긍정적인 마인드를 견지하고서 누구와 대화를 하더라도 긍정적인 대화 분위기를 조성할 줄 알아야 한다. 또한 이러한 개척교회를 함께 섬기는 성도들의 나름 진지한 고민의 결과로 내놓는 긍정적인 제안에 대해서도 열린 마음으로 대해야 한다. 딱딱한 관료주의적인 태도를 지양해야 하며, 부정적인 표현보다는 적극적인 수

용의 자세로 응해야 한다.

개척교회는 작은 소식이나 특히 나쁜 뉴스에 쉽게 동요되기 쉽기 때문에, 좋은 일이 생기거나 전달할 만한 긍정적인 메시지가 있다면 반복해서 전달할 필요가 있다. 함께 웃고 함께 우는 시간과 사건의 축적이 개척교회를 이루고 있는 구성원들의 마음에 목회자를 사랑하고 또한 교회를 사랑하는 마음으로 승화되어 나타나는 법이다. 가능한 일대일로 의사소통 하면서, 자신이 목회자에게 소중한 존재이며 또한 존중받고 있다는 확신과 신뢰를 갖게 해주어야 한다. 이러한 경험이 누적되고 축적될 때, 목회자의 카리스마 리더십은 더욱 힘을 갖게 되며, 성도들의 전폭적인 신뢰와 협력 속에서 하나님이 주신 비전과 목표를 향해 달려갈 수 있다.

콜로라도대학교 커뮤니케이션학과 교수인 해크먼과 조지폭스대학교 경영학과 교수인 존슨(Michael Z. Hackman and Craig Johnson)은 "소통은 카리스마 리더십에서 중요 요인 이상의 의미를 가진다. … (카리스마 리더는) 소통의 3가지 핵심 기능, 즉 대인 관계 형성, 비전 제시, 영향력 행사를 탁월하게 수행하는 사람"[157]이라고 했다. 사실 리더는 나를 따르라던가, 아니면 내 말을 들으라고 주장하기 쉽다. 리더가 남의 말, 특히 추종자의 말을 들어주고 열심히 경청하는 일은 쉽지 않다.

그럼에도 리더십의 핵심은 리더와 조직 구성원 모두가 공동 목표를 뜨겁게 열망하며, 반드시 성취해내는데 있다. 구성원 모두가 가치가 있고 중요한 목표를 위해서 일한다는 느낌을 가져야 하며, 충분한 동기부여가 되어야 한다. 그러기 위해서 개척교회 목회자는 뜨거운 마음으로 사람들을 사랑하고 그들을 인정하고 교회 일에 참여시키고 격려해야 하며, 그들을 훈련시키고 의견을 묻고 칭찬하며, 그들 자신이 결정하게 하고 그들과 함께 영광을 나눌 수 있어야 한다.[158]

스펄전의 리더십을 연구했던 마이클 (Larry J. Michael)은, 스펄전은 메트로폴리탄 성전과 교회가 주관하는 모든 사역의 최고 지도자였으며 또한 통치자로 불렸던 카리스마 넘치는 탁월한 지도자였지만, 그의 주변에 자신을 보완할 수 있는 재능을 갖추고, 동일한 신앙과 확신을 토대로 그리스도의 왕국을 위해 일한다는 공통된 목표를 가진 여러 지도자들을 두었으며, 기회가 있을 때마다 중요한 행정적 결정을 위임하곤 했다고 밝혔다.[159] 이처럼 목회자의 카리스마 리더십은 그리스도의 왕국을 함께 건설하고 또한 함께 확장한다는 공동의 목표를 자신을 따르는 모든 사람들과 공유하며, 공동의 목표를 향해 서로 파트너십을 이룸으로써 목표 성취에 리더와 추종자 따로 구분없이 열정을 다 쏟게 해준다.

카리스마 리더십과 교회성장간의 관계를 연구한 홍두윤에 따르면, 카리스마 리더십은 하나님과의 관계, 사람과의 관계에 지대한 영향을 미칠 뿐만 아니라 설교, 예배, 국내 및 해외선교, 소그룹 활동, 봉사, 교회교육, 교회운영 등 전반에 걸쳐서 영향을 미치기 때문에, 카리스마 리더십을 교회성장에 있어서 매우 중요한 요인으로 강조했다.160 목회자 개인의 특성과 특질이 카리스마 리더십의 중요한 부분이긴 하지만, 영적인 목회자는 하나님 앞에서 "내 영혼으로 고요하고 평온하게 하기를 젖 뗀 아이가 그의 어머니 품에 있음 같게"(시 131:2) 해야 하며 또한 항상 부드러운 심성을 간직하기를 힘써야 한다.161

진정한 영적인 리더십과 거룩한 능력은 항상 하나님과의 깊은 사귐 속에서 형성된 부드럽고 온유한 성품에서 나오기 때문이다. 그러므로 영적인 목회자는 사도 요한이 "우리의 사귐은 아버지와 그의 아들 예수 그리스도와 더불어 누림이라"(요일 1:3)고 말한 그 친밀한 사귐 속에 거하는 영적인 습관에 젖어 살아야 한다.

3) 권한 위임 리더십

선교적 교회를 지향하는 개척교회의 목회자는 권한 위임적인 리더십을 갖출 필요가 있다. 개척교회 초기 당시에는 목회자가 모든 것을 다 주관해야 하지만, 이제 구원받는 역사가 일어나고, 기존 교회에 다니던 성도들 가운데 이사 등을 통해서 더해지는 일이 있다면, 서서히 교회의 사역과 일을 분담할 필요가 있다. 물론 성경이 제시하는 원칙은 충성된 성도에게 일을 맡기는 것이다(딤후 2:2).

목회자마다 다를 수 있지만, 일을 타인에게 위임하는 것을 어렵게 생각하는 목회자도 있다. 이제 목회자는 권한 위임 (empowerment)을 통해서 공동체의 목표를 함께 이루는 방안을 모색할 필요가 있다. 목회자, 리더십 훈련가, 그리고 저술가인 포스와 엘튼 (Michael W. Foss and Terri Martinson Elton)에 따르면, 많은 크리스천 리더들이 자신의 사역을 주변 리더들에게 넘겨주는데 어려움을 겪고 있는데, 그 이유는 혼자서 하면 다른 사람보다 더 빠르고 효과적으로 일을 처리할 수 있으며 또 다른 이유는 실패에 대한 두려움이 있기 때문이라고 했다.[162]

하지만 영적인 목회자는 이러한 두려움을 떨쳐 버려야 하며 또한 그리스도의 몸된 교회를 세우는 일에 대한 비전을 확고히 하면서, 예수님께서 제자들을 준비시키셨고 권능을 부여하셨듯이(마 10:1-5) 미래 지도자들을 양육하는 일에 헌신해야 한다. 사실 미래 지도자들을 세우는 일은 권한 위임이 없다면 결코 이루어질 수 없는 일이다. 포스와 엘튼은 이러한 권한 위임은 일정한 과정을 거치게 되며, 주로 다음과 같이 세 단계로 이루어진다고 말했다.

이러한 준비는 세 단계로 이루어질 것이다. 첫째, 리더들은 하나님께서 이미 그들 속에 심어 주신 재능을 통해서 준비될 것이다. 이것은 주님께서 그들을 첫 번째 장소로 부르신 이유가 된다. 재능을 가진 사람들이 주님을 따르도록 부르심을 받는다. 이로 인해 두 번째 준비가 이루어진다. 즉 구체적인 지침을 받게 되는 것이다. 그리고 마지막 단계로, 이들은 직접 사역에 뛰어들게 된다. 우리는 실제로 그 일을 함으로써 사역의 많은 부분을 비로소 배울 수 있다.[163]

결국 미래 지도자들을 준비시키는 일의 주체는 하나님이시다. 영적인 목회자는 예수님처럼 하나님께서 보여주시는 미래 지도자들을 놓고 기도할 필요가 있으며, 하나님이 보여주신 후보생들을 양육 또는 훈련하는 프로그램을 시작할 수 있어야 한다(눅 6:12,13). 최익용은 권한위임, 즉 임파워먼트 (empowerment)를 이렇게 정의했다. "임파워먼트란 리더가 조직 구성원들과 파워를 공유하고 의사결정 과정에 참여하도록 하여 조직 구성원들에게 권한을 위임하는 것"[164]이라고 했다. 그리고 임파워먼트가 제대로 이루어지게 되면 조직 구성원들이 보유하고 있는 잠재능력과 창의성이 최대한 발휘될 수 있으며, 그 결과 조직의 발전에 크게 기여할 수 있음을 강조했다.[165]

마찬가지로 해크먼과 존슨은 혁신적인 리더의 "목표는 팔로어에게 권한을 위임하고, 영감을 주고, 적극적이고 도덕적인 사람을 만드는데 있다"¹⁶⁶고 말하면서, 유능한 리더들의 특징을 창의적이고 혁신적인 사고를 하며, 타인과 상호 작용을 하고, 추종자에게 비전을 심어주며, 또한 권한을 위임하는 일을 잘 하는 것으로 설명했다.¹⁶⁷

마찬가지로 기종서는 권한 위임 (empowerment)을 힘 북돋기로 언급하면서, 교회경영의 핵심을 개인 힘 북돋기 (self-empowerment)와 집단 힘 북돋기 (group-empowerment)로 설명했으며,¹⁶⁸ "이러한 힘 북돋기를 교회공동체에서 개인 혹은 집단이 어떻게 적용하느냐에 따라서 건강하고 성숙한 교회공동체가 되느냐, 그렇지 않느냐 하는 기로에 서게 된다"¹⁶⁹고 강조했다. 사도 바울도 "어떤 사람은 목회자와 교사로 삼으셨으니 이는 성도를 온전하게 하며, 사역의 일에 참여하게 하며, 그리스도의 몸을 세우려 하심이라" (엡 4:11,12, KJV 직역)고 말함으로써, 목회자의 중요한 임무 중 하나는 성도를 온전하게 구비시킨 후에 성도들을 사역에 참여시키고, 권한을 위임하는 것이라고 밝히고 있는 만큼, 목회자에게 권한 위임의 리더십은 매우 중요한 리더십 자질임을 알 수 있다.

더욱이 초대교회의 부흥을 보여주고 있는 사도행전 6장을 보면, 예루살렘 교회가 부흥하면서 교회의 일이 많아졌다. 만일 목회자가 교회의 일을 분담하고 충성스러운 사람들에게 권한을 위임하기 보다는 자신이 모든 일을 다 떠맡으려고 한다면, 탈진상태에 빠지게 될 것이다.

하지만 예루살렘 교회의 사도들처럼, "성령과 지혜가 충만하여 칭찬받는 사람"(행 6:3)을 선택하여 교회의 사역과 일을 분담할 수 있다면, 교회는 더욱 부흥하게 될 것이다 (행 6:7).

이에 대한 맬퍼스의 지적을 보면 목회자는 교회의 모든 일을 혼자 떠 맡으려는 성향이 있지만, 초대교회의 목회자들은 성령과 믿음과 지혜가 충만한 사람들을 선택하여 그들에게 일을 맡김으로써[170] 목회자 본연의 일이라고 할 수 있는 기도하는 일과 말씀 사역에 전념할 수 있었다. 이처럼 개척교회 목회자는 개척교회 초창기에는 혼자서 모든 것을 다 감당해야 하지만, 새로운 사람들이 교회에 더해지고 또한 구원받는 놀라운 역사가 계속해서 일어나게 될 때, 권한 위임의 시기를 늘 염두에 두면서 양육과 제자훈련을 진행해 나가야 한다.

그렇다면 개척교회의 성장을 위해 미래 지도자로 발굴할만한 사람은 어떠한 사람인가? 교회 지도자로서 주님을 섬기는 남녀의 자격이 있다면 무엇인가? 이에 대해서 교회성장연구소 소장을 지냈던 명성훈은 첫째 우선적으로 거듭난 사람이어야 하며, 둘째 거듭난 것만으로 충분하지 않으며 성령으로 충만한 사람이어야 하며, 셋째 기도의 사람이어야 하며, 넷째 교회에 충성스러운 사람이어야 하며, 다섯째 주님께 순종하는 자여야 하며, 여섯째 열심이 있고 창조적인 능력이 있는 사람이어야 하며, 마지막으로 하나님과 사람을 사랑하는 자여야 한다고 말했다.[171]

이러한 자격 요건을 갖춘 교회지도자 후보를 선정해야 하며, 이렇게 선정된 후보자의 능력과 은사를 고려해서 훈련을 하면서 서서히 권한 위임을 시작해야 한다. 블랭크는 "리더로 키울 사람들의 능력을 재검토하라. 그들의 능력에 따라 권력을 위임하고 능력이 적을 경우 권한의 작은 부분만 위임하라. 대신 스킬을 개발하는데 집중하라. 스킬을 배우는 중이라면 권한을 조금씩 허용하고 서서히 권한을 넘겨라"[172]고 조언했다. 이렇게 권한을 위임할 후보자를 선택할 때에는 충성된 사람을 선택해야 하며, 그리스도 예수의 좋은 병사로 함께 고난을 받을 수 있는 사람을 선택해야 한다(딤후 2:2,3). 교회지도자 후보를 선정할 때에는 예수님의 본을 따라야 한다. 즉 예수님은 자신이 주도권을 쥐고서 자신의 가르침이 아닌 당신 자신을 따르라고 명하셨으며, 자기를 따르는 사람들에게 완전한 복종을 기대하셨고, 그들이 치르게 될 고통에 대해서도 말씀하셨다.[173]

마찬가지로 목회자는 함께 동역할 후보를 고를 때, 주도적으로 후보를 선택해야 하며, 자원한다고 해서 그냥 받아선 안된다. 영국의 탁월한 설교자이며 신학자인 왓슨(David Watson)은 예수님의 제자도에 대해서 "랍비들의 세계에서는 제자가 스승을 선택해 학교에 입학했다. 그러나 예수님은 제자를 부를 때 자신이 주도권을 전적으로 행사하셨다. 시몬과 안드레, 야고보와 요한, 레위, 빌립 등 모두 스스로 선택한 것이 아니라 예수님의 부르심을 받고 그를 따른 것이다"[174]라고 설명했다. 예수님의 제자도는 세상의 기준이나 절차와 달랐고, 결코 세상의 출세나 또는 명예를 얻게 하거나 권력을 휘두르기 위한 발판을 마련해주는 것이 아니었다.

이제 이러한 조건과 자격을 갖춘 후보자를 선발했다면 후보자의 능력을 검토하고 충분히 고려한 후 그들의 능력에 따라서 권한을 위임해야 한다. 처음부터 한꺼번에 너무 많은 책임과 권한을 주게 되면 정작 본인이 감당할 수 없어 할 것이기 때문에, 권한을 조금씩 허용하면서, 맡은 바 책임을 잘 감당할 수 있도록 옆에서 도와주면서 힘을 북돋는 과정을 진행해야 한다.

이렇게 제자 훈련 또는 지도자 훈련을 할 때 중요한 개념은 코칭이다. 코칭 (coaching)이란 나와 마주하는 상대방이 누구든, 그 상대방과 서로 돕고 배우는 관계를 형성하여 서로 간에 지식을 교환하고 창의력을 자극하면서 진실한 합의에 이르는 인간관계 기술을 뜻하며, 일터나 학교, 가정 등 어디에서나 필요한 기술이며 모든 사람들이 자신들의 장점을 발휘할 수 있도록 돕는데 의의가 있다.[175] 제자 훈련 또는 지도자 후보생 교육에서 코칭의 목적은 제자 훈련생 또는 지도자 후보생의 잠재력을 향상시켜주는데 있다. 이러한 목회적 차원의 코칭은 서로를 신뢰하고, 이러한 코칭의 결과가 긍정적이란 확신이 있을 때 더욱 효과가 있다.

30여 개국에서 세계 최대 규모의 기업들에게 전략적 사고, 전략 리더십, 코칭, 팀워크, 감성 지능, 소통, 협력과 갈등, 그리고 혁신을 개발하도록 돕는 사역을 하고 있는 스토웰 (Steven J. Stowell)은 이렇게 설명하고 있다.

> 시너지효과를 동반하는 코칭은 믿음과 상호존중이 있을 때 가장 잘 이루어진다. 코칭의 주된 목표 중 하나는 서로간의 두려움을 줄이고 믿음을 키워나가는데 있다. … 시너지효과를 동반하는 코칭을 이용하면 현재보다 더 역량이 뛰어난 사람이 될 수 있다. 자신의 역량을 최대한 발휘하기 위해서 가지고 있는 모든 자원을 활용하면서 한 차원 높은 새로운 지식과 기술, 능력을 습득하기 위해 아이디어와 에너지를 쏟아부으면 다른 사람들도 여러분을 지원해줄 것이다. 코칭의 목적은 사람들이 자신의 잠재력을 발휘할 수 있도록 돕는데 있다.[176]

이러한 코칭을 통해서 상호간 신뢰가 두텁게 형성되고 깊은 인격적인 관계가 형성되면 될수록 제자 훈련 또는 지도자 훈련은 더욱 가속화될 것이며, 하나님 나라의 확장과 하나님의 영광을 열망하는 마음으로 하나가 될 것이다. 여기서 주의해야 할 점은 코칭은 훈련생 또는 후보자의 재능과 강점을 살리는데 집중해야 한다[177]는 것이다. 없는 능력을 키워내는 것이 아니라 이미 있는 능력과 잠재된 능력을 끌어내는 것이 코칭의 목표다. 리더십의 핵심을 구성원들을 강점으로 코칭하고 개인과 조직의 몰입도를 높여, 탁월한 성과를 내는 조직문화를 만드는 것으로 파악한 클리톤과 하터 (Jim Clifton and Jim Harter)는 이러한 코칭이 성공하는데 필요한 3가지 요건을, "① 기대치를 설정한다. ② 지속적으로 코치한다. ③ 책임감을 갖게 한다"[178]라고 제시했다.

이 세 가지 요건을 충족시키지 않는 코칭은 확실한 결실이 없을 가능성이 높기 때문에, 처음부터 확실한 기준을 가지고 시작하는 것이 좋다. 영적인 목회자는 이러한 지도자 후보생 훈련 또는 코칭의 본보기를 예수님의 삶과 사역의 여정 속에서 찾아야 하며, 늘 하나님과의 관계성 속에서 이해할 필요가 있다.[179] 왜냐하면 훈련생 또는 후보자에게 자신이 일생을 걸고 헌신할 만한 소명을 그대로 전이해주어야 하며, 함께 하나님 나라의 확장과 하나님의 영광이라고 하는 공동의 목표에 헌신하게끔 해주어야 하기 때문이다.

세계적인 경영 컨설턴트로 활동하고 있는 블랜차드 (Ken Blandchard)는 이러한 공동의 목표를 성취하는 리더십에 대해서 참으로 탁월한 설명을 하고 있다. 즉 "최고의 리더십은 최고의 파트너십이라고 할 수 있다. 성과지향 파트너십은 공동의 목표를 가진 두 사람이 상호 존중과 신뢰를 바탕으로 함께 가는 것을 의미한다. 이때 상사와 부하직원은 서로 영향을 미치며 각자의 역할에 따라서 일을 진행하게 된다. 한 마디로 리더십은 나가 아닌 우리에 관한 것이다."[180] 교회사역은 결코 나가 아니라 우리에 관한 것이며, 목회자 개인의 성공에 대한 것이 아니라 그리스도의 몸으로서 공동체의 성공에 대한 것이다. 그러므로 개척교회 목회자는 항상 그리스도의 몸의 지체들의 성장과 성공을 위해서, 권한 위임을 통한 개인 힘 북돋기와 집단 힘 북돋기에 힘써야 하며, 모든 사람을 승자로 만드는 전략적인 사고를 할 필요가 있다.

흥미롭게도 블랜차드는 "부족은 당신이 속한 공동체다. 반면 팀은 일을 위한 집단에 불과하다"[181]고 설명하면서 리더가 빠질 수 있는 평가 또는 지적질의 폐해를 지적했다. 하나의 공동체로서 부족을 이끄는 리더는 자신이 섬기며 인도하는 부족 전체의 복지를 증진시켜야 할 뿐만 아니라 부족 구성원 한 사람 한 사람의 복지를 증진시켜야 함을 "평가만 하지 말고 A를 받도록 도와주세요"[182]라는 말로 표현했다. 개척교회 목회자는 부족의 리더이며, 교회를 하나의 부족으로 바라보아야 한다. 그리고 하나의 부족을 이끌어 나가며, 부족 구성원 한 사람 한 사람을 돌보며 그들의 영적성장을 추구해야 한다. 그들이 한 사람씩 그리스도의 제자로 변화되고 세워지게 될 때, 비로소 그리스도의 몸으로서 교회가 설 수 있기 때문이다.

이렇게 한 결과, 교회 내에 지도자 팀이 만들어진다면 교회사역은 한층 더 도약하게 될 것이다. 개척교회에서 지도자 팀이 만들어지는 것은 개척교회가 안정화되는 일일 뿐만 아니라 도약할 수 있는 하나의 분기점을 이룰 수 있기 때문에, 교회 개척자는 초기부터 지도자 팀 형성에 사활을 걸어야 한다. 교회성장 컨설턴트인 조지와 로건 (Carl F. George and Robert E. Logan)은 "지도자 팀은 교회 안에서 가장 중요한 역할을 갖는다. 어떤 목회자나 지도자도 사역의 모든 영역에서 효과적으로 일할 수 없기 때문에 뛰어난 지도력을 위해서는 팀의 지원과 도움이 필요하다"[183]고 강조했다.

만일 목회자가 제자훈련이나 양육은 열심을 내서 하지만, 권한 위임을 꺼리거나 아예 권한 이양을 생각하지 않을 수 있다. 어쩌면 이러한 모습이 남을 잘 믿지 못하는 개인의 성향 때문은 아닌지 생각해보아야 한다. 사실 아무도 믿을 수 없다는 리더의 태도 때문에 성장의 기회나 동력을 잃는 경우가 많다.

비즈니스 세계에서 영민하고 경험이 풍부하고 굉장한 이력을 지니고 있는 리더들이 실패하는 사례를 연구한 도트리치와 카이로 (David L. Dotlich, Peter C. Cairo)는 "아무것도 믿지 못하는 리더들은 자신들의 불신이 함정으로 작용한다는 것을 알아채기 힘들다. 많은 경우, 그들이 그 사실을 깨닫지 못하는 것은 피드백을 받지 않으려 하기 때문이다. 경영 조언자, 상사, 멘토가 그들의 의심 많은 성격에 대해 설명을 하며 이는 중대한 문제라고 이야기를 해주어도, 그들은 이를 조언자의 개인적인 의견일 거라고 무시한다"[184]라는 말을 했다.

어느 단체건 기업이건, 심지어 교회라도 이러한 불신의 분위기가 지속된다면, 구성원들은 매우 방어적이고 수동적인 행동을 보일 수밖에 없을 것이며, 성장은 커녕 존폐의 위기에 처할 수도 있다. 이러한 상황에서 가능한 빨리 벗어나는 것이 좋다. 뿐만 아니라 리더십은 혼자만의 힘으로 실행되는 것이 아니기 때문에, 리더십에 있어서 홀로 선 전사모델은 영웅적인 자살행위일 수 있다.[185] 하버드 케네디스쿨의 교수이자 리더십의 세계적인 권위자인 하이페츠 (Ronald A. Heifetz)는 이렇게 말하고 있다.

일반적으로 파트너는 두 가지 유형으로 나눌 수 있다. 신임하는 자와 동맹자다. 신임하는 자는 불만을 토로하고 호소할 수 있는 사람을 가리키며, 흔히 친구, 배우자 또는 가까운 동료다. 동맹자는 자기 권한 또는 조직의 경계 밖에서 활동하는 파트너를 말한다. 이로써 리더는 자기 주변에서 일어나는 사건을 해석하는데 도움을 받을 수 있으며, 스트레스를 관리할 수 있다.[186]

개척교회 초기에 목회자는 자신의 마음 속에 있는 말을 진실되게 나눌 수 있는 사람은 자신의 아내 외엔 없을 것이다. 그렇다 해도 목회자는 외부에서 자신을 이해해주고 응원해줄 수 있는 파송교회의 목회자나 아니면 오랜 세월을 두고 가깝게 사귀어서 흉허물 없이 마음 속에 있는 것을 나눌 수 있는 목회자를 동맹자로 두어야 한다. 목회자가 교회에서 일어나는 여러 가지 일로 너무도 스트레스를 받아 정서적으로 안정되지 않거나 또한 스트레스를 해소하지 못하는 상태가 지속된다면, 소명의식이 퇴색되거나[187] 자주 자괴감이나 무력감 또는 정서적 불안감 등으로 고통을 겪을 수 있음[188]을 잊어선 안된다.

우리는 개척교회형교회에서 목회하는 목회자에게 추가적으로 필요한 세 가지 리더십 자질에 대해서 살펴보았다. 개척교회를 일으키는 위대한 역사에 앞서 언급한 여섯 가지 리더십 자질만으로 충분한 것은 아니지만, 그럼에도 개척교회란 특수한 상황 속에서 예기치 못한 일에도 능동적으로 대처함으로써 위기를 성장의 기회로 또한 도약의 발판으로 삼기 위해선 반드시 필요한 리더십 자질이다. 스펄전의 리더십을 연구했던 마이클은 "한 가지 유형의 리더십만으로는 모든 상황에 적절히 대처할 수 없다"[189]고 말하면서, 다양한 리더십의 유형을 계발하고, 어떠한 상황에서도 적절히 대처할 수 있는 유연성을 갖춘 리더십을 추구할 때에만 탁월한 지도자의 반열에 오를 수 있음을 강조했다.[190]

교회는 지난 2천여년 동안 세상의 부단한 도전을 받아 왔으며, 그때 마다 성령의 능력을 의지하고서 하나님의 창조력으로 무장한 영적인 리더들을 통해서 상황을 돌파하는 과정을 거쳐 왔다. 초대교회만 보더라도 세상에 존재하지 않았던 그리스도의 교회가 시작되고, 세상의 강력한 도전에도 불구하고 땅 끝까지 복음을 전함으로써 하나님의 나라를 확장하고 하나님의 영광을 나타내려는 일념으로 복음의 불모지에 교회를 세워 나갔다. 그렇다면 오늘날 교회개척 목회자는 초대교회 리더들의 영성과 믿음으로 무장할 필요가 있다.

미국의 저명한 기독교 저술가이자 교회 연구가인 레이너 (Thom Rainer)는 하나님께서 우리를 위대하게 부르셨기 때문에 단지 좋은 것에 머무는 것은 죄라고 지적하면서, 좋은 교회에서 위대한 교회로 도약할 수 있는 길을 사도행전에서 찾으라고 말한다.[191] 그리고 오늘날 교회개척을 그저 좋은 교회가 아닌 위대한 교회를 세우는 것으로 크게 생각하도록 초대교회의 확장운동을 리더십의 관점에서 소개하면서, 사도행전 1장은 부름받은 리더, 사도행전 2장은 헌신하는 리더, 사도행전 3장은 외부지향적인 시각을 가진 리더, 사도행전 4장은 열정적인 리더, 사도행전 5장은 담대한 리더, 사도행전 6-7장은 영적 유산을 남기는 리더로 설명했다.[192]

이렇게 점진적으로 성장하고 발전하는 리더십의 관점은 교회개척의 처음 시작 단계부터 시작해서, 다양한 환경에 노출되면서 점증하는 외부적인 도전을 극복하면서 마침내 위대한 교회로 세워져 가는 과정과 그 과정에서 점진적으로 리더십이 성장해야 하는 필연성을 잘 보여주고 있다. 그러므로 교회개척 상황의 시계 (視界)가 매우 흐리고, 모든 것이 불확실한 때일수록 성령께서 가장 강력하게 역사하셨던 초대교회 시대로 돌아가, 초대교회 지도자들이 과연 어떠한 믿음으로 행보를 하였는지를 살피는 일은 항상 옳다.

그러므로 영적인 목회자는 교회를 개척하라는 하나님의 부르심을 받고, 하나님의 소명에 헌신하고, 외부지향적인 시각으로 풍세를 읽고, 그럼에도 교회의 사명을 이루고자 하는 열정으로 불타오르고, 어떠한 장애물도 담대한 마음으로 뛰어넘어, 마침내 교회개척을 이루어냄으로써 영적 유산을 남길 수 있어야 한다. 이렇게 영적인 목회자의 리더십에 의해서 세상에 우뚝 선 교회는 하나님을 영광스럽게 하고, 그분의 아들을 존귀하게 하고자 존재함으로써, 온 인류에게 축복의 통로가 되기 때문이다.[193]

이상 영적인 목회자가 갖추어야 할 필수적인 3가지 리더십 자질 외에도 교회개척을 위해서 필요한 3가지 리더십 자질을 추가적으로 살펴보았다. 교회개척을 마음에 품고 있는 목회자는 이 여섯 가지 리더십 자질을 풍성하게 계발하고 연마할 필요가 있다.

리더십 계발의 필요성 및 방법

목회자가 어떤 교회환경에서 목회를 하던지 상관없이, 앞서 언급했던 여섯 가지 리더십 자질을 계발하고 또 훈련하는 것은 매우 의미 있는 일이다. 특히 교회개척을 마음에 품은 목회자의 경우엔 리더십의 기술 뿐만 아니라 리더십의 성품과 그에 따른 리더십의 가치관을 훈련하고 자신의 영혼에 스며들 정도까지 계발하고 훈련하는 일은 매우 필요하다.[194]

리더십을 계발하는 방법에는 여러 가지가 있지만, 클린턴에 따르면 크리스천 영역에서 가장 많이 활용되는 리더십 계발 방법에는 1)공식 유형 (성경학교, 신학교 교육), 2)무형식 유형 (워크샵, 세미나 참석), 3)비공식 유형 (도제교육, 인턴쉽, 멘토링, 리더십 관련 도서 독서를 통한 개인 학습)이 있다.[195] 어떤 유형의 방식을 따르던, 영적인 목회자는 자신의 상황과 형편에 맞는 방법을 선택하여, 리더십 성품과 리더십 기술, 그리고 리더십의 가치관을 계발할 필요가 있다.

이렇게 학습하고 배운 리더십 성품과 리더십 기술 등을 가능한 현재 목회상황과 환경에 적용해보고, 자연스럽게 자신에게 체득되도록 훈련할 필요가 있다. 목회자가 가능한 충분히 여섯 가지 리더십 자질을 풍성하게 갖추고 잘 준비될수록, 하나님은 교회개척의 역사에 더욱 귀히 사용하실 것이다.

제4장 MBTI와 목회자 리더십의 관계

본 장에서는 MBTI의 이론적 배경과 개척교회형교회의 목회자의 리더십과 성격유형간의 관계를 살펴보고자 한다. MBTI 검사는 칼 G. 융(Carl G. Jung)의 심리유형 이론을 근거로 캐서린 브릭스 (Katharine Cook Briggs), 이사벨 마이어스 (Isabel Briggs Myers), 피터 마이어스 (Peter Myers)까지 3대에 걸쳐 70년 동안 연구와 개발이 이루어진 성격유형검사로서, 사람을 4가지 척도에 근거하여 16가지 성격유형으로 분류하고 있다.[196]

이러한 16가지 성격유형은 개인의 성격유형을 보여줄 뿐만 아니라 리더로서의 특성과 효과성을 발휘하는데 있어서 각 개인의 강점과 약점을 보여주기 때문에,[197] 성격유형과 리더십의 연관관계에 대한 이해는 목회자 개인 뿐만 아니라 목회현장에서도 대단히 중요한 의미를 갖고 있다.

MBTI의 이론적 배경

MBTI란 마이어스-브릭스 유형지표 (Myers-Briggs Type Indicator)의 약자로, 미국인 캐서린 브릭스와 그녀의 딸 이사벨 마이어스가 칼 융의 심리유형론을 이론적 기반으로 하여 개발한 성격유형검사를 가리킨다.[198] 융 (Carl G. Jung)은 인간의 행동기저에 깔린 인간의 기본적인 심리기능과 경향이 있음을 발견했으며, 인간의 행동이 다양하기 때문에 종잡을 수 없는 것처럼 보여도 사실은 아주 질서정연하고 일관된 경향성이 있음을 발견했다.[199] 그리고 그러한 다양성은 개인이 어떻게 사물(사람, 사건)을 인식 (Perceiving)하고, 그러한 인식을 바탕으로 어떤 결론을 내리는지에 대한 판단 (Judging)방식이 다르기 때문이라고 생각했다.[200]

즉 정보를 어떻게 받아들이는가에 대한 인식기능은 감각 (Sensing)과 직관 (iNtuition)으로 구분하고, 의사결정을 무엇으로 하는지에 대한 판단기능은 사고 (Thinking)와 감정 (Feeling)으로 구분하며, 최종적인 행동과 에너지를 쓰는 방향에 따라서 외향 (Extraversion)과 내향 (Introversion)으로 구분한 것이다.[201]

MBTI는 심리적 경향성, 즉 심리기능과 태도지표가 자신이 선호하는 방향에 따라 각각 4가지 선호지표로 구분된다. 따라서 MBTI는 네 가지의 분리된 지표로 구성되어 있으며, 각 지표는 네 가지의 기본적인 선호경향 중의 하나를 나타내고 있는데, 각 선호경향의 내용은 첫째 사람의 주의 초점인 에너지의 방향에 따라 외향성 (E; Extraversion) - 내향형 (I; Introversion), 둘째 인식의 기능에 따라 감각형 (S; Sensing) - 직관형 (N; Intuition), 셋째 판단의 기능에 따라 사고형 (T; Thinking) - 감정형 (F; Feeling), 넷째 행동양식에 따라 판단형 (J; Judging) - 인식형 (P; Perceiving) 등으로 구분된다.

다음 〈표4〉 MBTI 4가지 선호지표를 보라.

외향형 E	〈-------------〉 에너지가 어디로 향하는지	I 내향형
감각형 S	〈-------------〉 정보를 어떻게 받아들이는지	N 직관형
사고형 T	〈-------------〉 의사결정을 무엇으로 하는지	F 감정형
판단형 J	〈-------------〉 외부에 대처하는 생활양식이 무엇인지	P 인식형

〈표4〉 MBTI 4 가지 선호지표[202]

MBTI 4가지 선호지표

외향성(E) vs. 내향성(I)

외향-내향 (E-I) 지표는 외향적인 (Extraversion, E) 사람인가, 아니면 내향적인 (Introversion, I) 사람인가를 밝혀주는 지표다. 외향적인 사람은 삶의 에너지를 밖으로 표출하고 발산하는 스타일의 사람이며 외부 세상을 향해 지향하는 방향이 능동적이며, 또한 폭넓은 대인관계를 유지하며 사교적이고 정열적이며 활동적이다.[203] 사람, 사물, 사건 등에 매우 적극적인 흥미를 느끼며 환경에 쉽게 적응하는 편이며, 스트레스를 풀 때에는 많은 사람과 만나 함께 시간을 보내면서 힘을 얻는다.[204]

반면 내향적인 사람은 에너지를 내적으로 향하게 하며, 자아의 태도가 외부 세상을 지향하는 측면에서 상당히 수동적이다. 다수의 사람과 넓게 관계를 형성하기 보다는 소수의 사람과 깊은 관계를 추구하는 성향이 있으며, 혼자만의 시간을 가지면서 스트레스를 푸는 스타일의 사람이다.[205]

감각형(S) vs. 직관형(N)

외향성과 내향성이라고 해서 사람이 다 똑같지 않으며, 정보를 어떻게 인식하는가에 따라 감각형 (Sensing, S)과 직관형 (iNtuition, N)으로, 의사결정을 어떻게 내리는가에 따라 사고형 (Thinking, T)과 감정형 (Feeling, F)으로 구분된다.206 감각-직관 (S-N) 지표는 정보를 인식하는 방식에서 나타나는 경향성을 나타내는 지표로서, 어떤 사람은 주로 감각 (S)을 통해 인식하려는 경향을 가지고 있기 때문에, 시각, 청각, 촉각, 후각, 미각 등 오감에 의존하며 실제적인 경험을 중시한다. 그러나 어떤 사람은 감각보다는 자신의 촉이나 영감 등 직관 (N)을 통해 인식하려는 경향을 가지고 있기 때문에, 의식의 영역을 넘어서 어떤 사실이나 사건의 이면에 감추어진 의미나 가능성을 더 잘 인식하는 성향을 나타낸다.207

사고형 (T) vs. 감정형 (F)

사고-감정 (T-F)지표는 인식된 정보를 가지고 판단을 내릴 때 어느 기능을 더 선호하는가를 나타내는 지표다. 어떤 사람은 인정에 이끌리기 보다는 주로 사고 (T)를 통한 객관적인 사실에 기초한 논리적인 결과를 바탕으로 해서 결정하려고 하고, 한편 어떤 사람은 주로 상대의 입장, 상대의 느낌을 고려하면서 힘들어하는 상대를 위로하고 도와주려고 하는 등 관계에 집중하면서 감성 (F)을 사용하여 사람과의 관계를 지향하고 참작하면서 결정을 하려는 경향을 가지고 있다.208

판단형 (J) vs. 인식형 (P)

판단-인식 (J-P) 지표는 외부세계에 대처해 나갈 때, 즉 우리 삶에 있어서의 외향적 측면에서 주로 사용하는 기능이 무엇인가를 나타내는

지표다. 판단 (J)을 선호하는 사람은 외부세계에 대처해 나갈 때 분명한 목적과 방향성을 가지고 행동하고자 하기 때문에, 계획을 잘 짜며 체계적인 대처를 한다. 인식 (P)을 선호하는 사람은 다양한 가능성을 열어 두고서 상황의 변화에 따라서 대처하는 성향을 나타낸다. 여행을 갈 때에도 별로 준비하지 않고 일단 가서 상황에 따라 태도를 달리하기 때문에 계획이 없는 사람처럼 보이기도 한다.[209]

이러한 성격유형은 고정된 것이 아니며, 다만 이러한 성향의 빈도수만을 보여줄 뿐이다. 나 자신이 주로 이러한 성향을 가지고 있으며, 동일한 상황에서 다른 성향을 가진 사람은 나와는 다르게 반응한다는 사실을 이해하고서 이러한 지식을 목회에 적용할 수 있다면, 이것은 목회에 매우 유용한 자산이 될 수 있다.

예를 들자면, 올해 여름수양회를 계획한다고 해보자. 판단형 목회자는 무슨 일을 추진할 때 미리 계획을 세우고 그 계획을 따라서 진행한다. 그런데 만일 인식형 집사에게 여름수양회 계획과 같은 사역을 맡긴다면 그 집사는 미리 치밀한 계획을 세우기보다는 그때 가서 상황을 봐가면서 일을 추진하는 스타일이기 때문에, 아무런 계획안도 준비하지 않을 것이고 또 그 일을 맡긴 목회자는 아무런 계획안이 나오지 않는 것을 보고서 그 성도가 자신의 말에 불순종했다고 여길 것이며, 갈등이 심화될 수 있다.

하지만 만일 판단형 목회자가 자신과 동일한 판단형 집사에게 일을 맡겼다면, 치밀한 계획안이 제 시간에 나왔을 것이고 아주 만족스러운 동역이 이루어졌을 것이다. 물론 나와 다른 성격유형의 집사에겐 여름수양회 현장을 맡긴다면 즉석에서 계획되고 진행되지만 기대 이상의 만족을 얻는 여름수양회가 될 수 있다.

이처럼 서로 다른 성격유형을 이해하고 목회에 적용한다면, 목회는 매우 활성화될 수 있다. 이 사실을 뒷받침하듯, 장현재는 "성격요인이 효과적인 리더십의 중요한 요인이며, 아울러 인지능력에서의 개인차 뿐만 아니라 성격에서의 개인차도 직무수행에 기여할 수 있다"[210]고 말했다.

MBTI 16가지 성격유형

MBTI 4 가지 선호지표마다 양극을 이루는 두 가지 쌍의 선호경향이 있다. 이를 조합하면 모두 16가지의 MBTI 유형이 나온다. MBTI 성격유형검사는 널리 보급되어 있기 때문에, MBTI 성격유형검사지를 집에서 받아서 자가검사를 할 수도 있고 아니면 인터넷 상에서[211] 무료로 할 수도 있다.

MBTI 성격유형검사는 내담자가 설문에 직접 응답하는 자기 보고식

검사이며, 두 가지 형태가 있는데, 즉 93개 (Form M) 혹은 144개 (Form Q)의 2지선다식 질문으로 구성되어 있다. 내담자가 자가검사를 할 경우 설문지를 작성하면 마지막 페이지에서 결과를 알 수 있으며, 만일 인터넷상에서 질문에 답을 하면 채점을 하여 〈표5〉에 있는 성격유형들 중 하나를 제시해준다. 보다 전문적인 상담을 받길 원하면 MBTI 심리상담센터를 방문하면 된다. 내담자가 설문에 응답하고 나면, 상담가가 그 결과를 알려주며, 결과에 따른 전문적인 조언을 해준다.

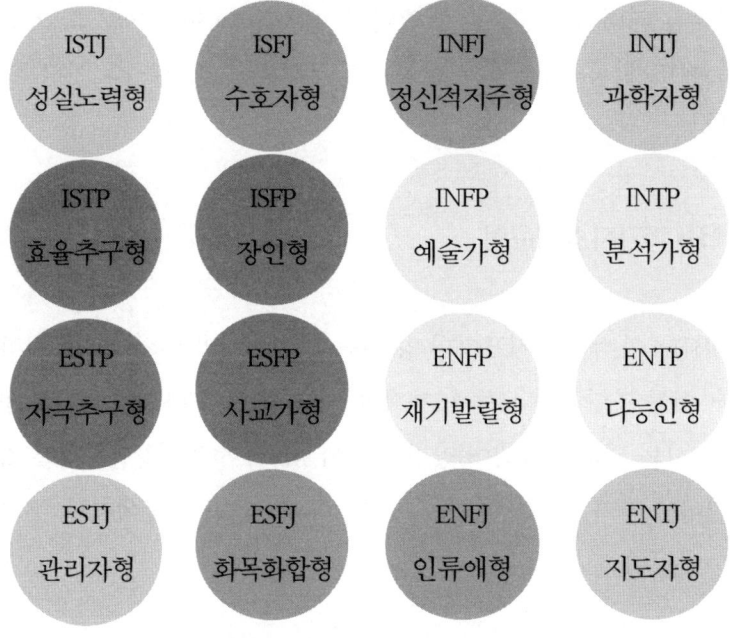

〈표5〉 MBTI 16가지 성격유형[212]

이렇게 MBTI검사에 대한 응답의 결과 16가지 성격유형별 특성이 도출되는데, 이러한 성격유형은 사람들 간의 성격차이를 나타내며, 개인의 고유한 적성, 흥미, 대인관계, 어떤 사건이나 문제를 대하는 방식, 평상시 의사소통 방식 등을 보여준다. 사람은 누구나 자신의 평상시 행동방식이나 습관적인 반응에 대해서 잘 인식하고 있지 못할 지라도, 사실 개인의 성격유형이 있기 때문에 어느 정도는 예상이 가능하다.

성격심리분석 전문가인 김성환은 MBTI가 현재의 나다움을 보여주며, 나는 어떤 유형의 사람인가를 보여주는 지표라고 보았지만, 자아분화와 통합의 과정을 거쳐 자기를 건강하게 완성된 인간으로 가는 어느 한 과정을 보여줄 뿐이기 때문에 유연하게 해석할 필요가 있음을 강조했다.[213] 그러므로 MBTI 16가지 성격유형 중 어느 한 가지 결과가 도출되었다고 해서, 그것을 나의 고정된 정체성으로 이해하기보다는 현재의 나의 성향과 자주 나에게서 나타나는 성향의 빈도수로 볼 필요가 있다. 이를 통해서 개선할 부분은 개선하고 또한 강점은 더욱 살려 나가는 지혜가 필요하다.

성격유형은 시간이 지나면 변하는가라는 질문에 대해서 리더십 컨설턴트인 리치몬드(Sharon Lebovitz Richmond)는 "MBTI 성격유형은 어떤 경우에도 달라지지 않는다. 다만 다른 결과가 나왔다면 피검자의 자기-인식이 성장했거나, 혹은 선호하지 않는 성격 유형의 기능을 요구하는 환경적인 상황에 처했을 가능성이 크다. 혹은 피검자가 정신적으로 발달하고 성장하면서 관심을 두는 부분이 달라졌을 수도 있다"[214] 라고 대답했다.

사람의 기본 성격유형은 변하지 않지만, 성장해 감에 따라 또는 처해진 환경에 따라서 주기능을 강화시키거나 아니면 부기능을 활성화시킴으로써 자신의 성격유형을 개선시킬 수 있다는 뜻이다. 이로써 자신의 강점은 더욱 살리고 약점은 보완하게 되면, 목회는 더욱 진일보를 이루게 될 것이다.

16가지 성격유형별 특성[215]

MBTI 16가지 성격유형은 나 자신과 다른 사람을 이해하는데 빠른 정보를 제공해준다. 자신의 성격유형을 알고 또한 다른 사람의 성격유형을 파악하고서, 이것을 목회에 적용하게 되면 목회자는 자신과 다른 반응과 행동을 보이는 사람들을 대하면서 불필요한 오해와 갈등을 넘어선 목회를 할 수 있다. 교회에는 다양한 성격과 기질의 사람들이 모여 있는 곳이기 때문에, 각자의 성격유형에 따라서 동일한 상황이나 환경에도 반응은 전혀 다를 수 있다.

이러한 성격유형별 특성에 대한 개념이나 이해가 없으면, 나하고 다르게 반응하는 성도들로 인해서 불필요한 오해와 갈등을 일으킬 수 있으며, 혹시 나를 공격하는 것이 아닌가 하는 오해 아닌 오해를 할 수 있다. 이러한 오해가 해소되지 않는다면, 갈등의 골이 깊어지면서 교회의 발전이 방해를 받거나 심지어 교회가 분열되는 위기에 처할 수도 있다.

하지만 각 사람은 자신이 알던 모르던 자신의 성격유형별 특성에 따라서 다르게 반응할 수 있다는 사실을 알게 되면, 서로의 성격이나 기질에 대한 이해 때문에 불필요한 오해나 갈등을 사전에 차단할 수가 있다. 이러한 이해가 생기게 되면, 오히려 서로를 존중하면서 나와는 다른 관점에서 상황을 보게 되면서, 더 나은 해결책을 찾아낼 수도 있다.

이런 점에서 성격유형별 특성에 대한 이해는 개척교회 목회자에게 나와 성도들의 다름을 인식하게 해줄 것이며, 이러한 다름을 인정하게 될 때 목회의 새로운 장이 열릴 수 있다. 이러한 MBTI 자체가 모든 문제를 해소시켜주는 것은 아닐지라도 목회에 적용할 때 얻을 수 있는 장점을 온전히 이해했던 김충렬은 "MBTI는 교인의 성격 이해의 도구가 되며 … 업무 분담의 도구가 되며 … 강점을 활용하는 도구가 되는 유익한 점이 있다"[216]고 말했다.

4가지 선호지표와 리더십의 관계

목회자는 본인도 모르는 사이에 이러한 성격유형에 따라서 자연스럽게 말하고 행동하고 사역하고 목회할 것이기 때문에, 자신의 강점과 약점이 그대로 노출될 수밖에 없다. 목회자 자신의 MBTI성격유형을 미리 파악하게 되면, 자신의 강점은 살리고 약점은 보완하는 지혜를 발휘할 수 있으며, 이를 목회 리더십과 목회현장에 적용할 수 있다. 따라서 우선적으로 MBTI 4가지 선호지표와 리더십의 관계, 4가지 기질과 목회자의 사역의 관계를 먼저 정리하고, 그 후에 16가지 성격유형과 리더십의 관계를 살펴보고자 한다.

외향형과 내향형

1) 외향형
영적인 활력과 에너지를 어떻게 얻느냐에 따라 외향형과 내향형으로 구분할 수 있다. 따라서 외향형 목회자는 외부의 사건에 관심이 많고, 많은 사람들과 어울릴 때 활력이 넘치고, 장시간의 독서, 공부, 사색을 하면 피곤해한다. 하지만 그럴 때 친한 친구나 가족을 만나면 다시 활기를 찾는다.[217] 따라서 외향형 목회자는 자신의 신앙생활과 경험을 이야기하는 것을 즐겁게 할 수 있기 때문에,[218] 교회 밖으로 나가, 복음을 전하고 또한 새로운 사람을 만나 교회에 데리고 오는 일에 적극적일 뿐만 아니라 그러한 활동을 통해서 상당한 만족을 얻는다. 외향형 목회자는 개척교회형교회에 적합하다.

2) 내향형

내향형 목회자는 고독 속에서 하나님을 경험하며, 다른 사람들과 어울리는 것을 좋아하지 않는다. 영혼의 문제에 대하여 연구하고 읽는 것을 좋아하며, 깊이 묵상하고 사고함으로써 영적인 에너지를 얻는다.[219] 안정성장형교회에서 소그룹 성경공부나 영성지도를 맡는다면 성실하게 잘 해낼 수 있지만, 적극적으로 잃어버린 영혼을 찾아가 복음을 전하는 일은 힘겨울 수 있다. 대신 묵상과 기도, 저술, 성경 읽기, 소그룹 영적 지도, 개인상담이나 영성 지도와 같은 일에는 뛰어난 역량을 발휘할 수 있다.[220] 그러므로 내향형 목회자는 안정성장형교회에 적합하다.

감각형과 직관형

하나님을 어떻게 지각하는가에 따라서 감각과 직관으로 구분된다. 감각형은 하나님께서 자신들을 위해 준비하신 것을 깊이 묵상하고 생각함으로써 하나님의 존재를 느끼며 자신의 신앙을 실천적인 활동에 적용함으로써 만족을 얻지만, 직관형은 자주 하나님의 초월성에 매료되며, 현실적인 삶의 문제보다는 미래의 새롭고 변화된 모습을 꿈꾼

다.[221]

1) 감각형

감각형 목회자는 삶의 현장에서 하나님을 만나며, 현실적으로 또한 실질적으로 하나님을 섬기기를 원한다. 목회 현장이야말로 자신의 능력을 발휘할 수 있는 곳이라고 생각하며, 교회 성도들도 항상 무언가를 필요로 하기 때문에 목회자는 이런 필요를 채우는 사람이라는 신념을 가지고 있다.[222] 감각형 목회자는 교회의 양적 성장을 추구하며, 당장 교회 예배당에 사람들이 가득차는 것을 보기를 원한다. 그러므로 감각형 목회자는 개척교회형교회에 적합하다.

2) 직관형

직관형 목회자는 현실적인 문제에 대해서는 별로 관심이 없고, 당장 성도들의 현실적인 문제를 해결하기 보다는 성도의 영적 성장과 성숙에 중점을 둔다. 따라서 직관형 목회자는 기획하고 개혁하는 것을 좋아하며, 교회가 성장과 변화를 원할 때 가장 일을 잘 할 수 있다.[223] 직관형 목회자는 성경공부와 말씀연구를 통한 교회의 질적 성장을 추구하기 때문에, 안정성장형교회의 목회자로 적합하다.

사고형과 감정형

　감각과 직관을 통한 지각과정을 통하여 발견한 것을 효과적으로 조직화하는 방법을 결정하거나 판단하는 것이 사고와 감정의 영역이다. 사고형이 논리적이고 지적이라면, 감정형은 가치 지향적이고 사람 중심적이다.224 그러므로 사고형은 주로 객관적이고 이성적인 접근을 하며, 감정형은 사람 친화적이며 온정적인 접근을 한다.

1) 사고형

　사고형 목회자는 주변에서 일어나는 사건이나 일 뿐만 아니라 하나님을 추구하는 진리 탐색에 있어서도 지적으로 접근함으로써 만족을 얻는다.225 또한 원인과 결과를 논리적으로 분석해서 문제를 해결하며, 객관적이고 이성적인 해결방안을 내놓는다. 주로 논리를 통해서 사람들을 설득하고자 한다.226 사고형 목회자는 안정성장형교회에서 교리설교나 소그룹 성경공부를 진행하는 일에 매우 적합하지만, 교회에 잘 나오지 못하는 성도를 심방하거나 또는 처음 만나는 사람들에게 복음을 전하고 그들을 교회로 데리고 오는 일은 힘들어 할 수 있다. 사람 친화적인 외부 활동 보다는 일 중심의 내부 활동을 선호하는 편이다. 사고형 목회자는 안정성장형교회에 적합하다.

2) 감정형

감정형 목회자는 사람들의 화합과 온정을 중요하게 여기고, 일반적으로 사람들을 신뢰하고, 사람들이 하는 일에 감사해한다. 문제를 해결할 때에도 자신과 다른 사람들의 가치와 동기를 중요하게 생각하며, 개인이나 교회를 위해 가장 좋은 방향으로 문제를 해결하고자 한다.[227] 감정형 목회자는 교리나 성경공부 보다는 신앙간증을 통한 동기부여나 영감을 주는 것을 선호한다. 이러한 감정형 영성의 특성 때문에 잃어버린 영혼들을 찾아 나서며, 개인의 신앙간증을 통해서 구도자들에게 예수님의 사랑을 증거하고 복음을 설명하는 일에 적합하다. 이런 특성은 개척교회형교회에 매우 필요한 특성이다.

판단형과 인식형

판단형 목회자는 상황을 통제하고 조절하기를 바라며, 그래서 모든 일이 결정적이고, 계획적이며, 질서 있게 진행되기를 바라는 성향이 강하지만, 한편 인식형 목회자는 미리 계획하고 실천하기 보다는 세상이 흐르는 대로 몸을 맡기고 순응하면서 사는 것을 선호한다.[228]

1) 판단형

판단형 목회자는 주어진 환경이나 상황을 통제하고 조절하는 성향 때문에, 교회에 안정과 신뢰를 가져다 주며, 어지러운 세상에서 기준

없이 방황하는 교회 성도들에게 분명한 성경적인 기준을 제시해주는 것을 좋아한다.[229] 판단형 목회자는 안정성장형교회에서 교회의 성장계획과 프로그램을 계획하고, 그 목표를 성취해내는 일을 잘 해낸다. 가능하다면 인식형 목회자와 동역을 통해서 서로의 장점은 승화시키고 서로의 단점은 보완하는 목회를 한다면, 교회성장과 발전에 상승효과를 낼 수 있을 것이다.

2) 인식형

인식형 목회자는 개방적이고 즉흥적인 성향을 나타내며, 하나님을 배울 수 있는 새로운 기회에 열려 있다. 관례적인 신앙모습에서 벗어나는 것을 즐기면서 여기 저기에서 하나님을 체험하는 것을 추구하기 때문에 영적인 원칙과 기준을 잃어버릴 수 있는 위험이 있다.[230] 인식형 목회자는 특정한 틀에 얽매이기 보다는 변화무쌍한 환경과 상황에 잘 적응할 수 있는 성향을 가지고 있기 때문에, 안정성장형교회 보다는 개척교회형교회에서 사역을 하는 것이 더 효율적일 수 있다. 개척교회 초기단계보다는 어느 정도 성장단계에 진입한 개척교회에서 판단형 목회자와 동역하게 되면 교회발전에 크게 기여할 수 있다.

4가지 기질과 목회자 사역의 관계

이러한 MBTI 16가지 성격유형은 크게 네 가지 기질로 구분할 수 있으며, 이렇게 4가지 기질로 이해하면 쉽게 성격유형을 파악할 수 있다.[231] 왜냐하면 MBTI 16가지 성격유형에 있어서 둘째 글자인 S 혹은 N이 가장 중요하며, 만약 S형이면 그 다음 글자인 J 혹은 P가 그 다음으로 중요하다. 그리고 만일 N형이라면 그 다음 글자인 T 혹은 F가 중요하다. 이것은 주 기능과 부 기능을 나타낸다.[232]

미국의 심리학자, 캘리포니아 주립대학 명예교수인 키어시 (David Keirsey)와 저명한 수학교육전문가인 베이츠 (Marilyn Bates)는 캘리포니아 대학에서 MBTI를 연구하면서 16가지 복잡한 성격유형을 4가지로 묶어도 큰 의미가 있다는 것을 발견했으며, 이것을 4가지 기질로 정립했다.[233] 이 네 가지 기질은 SJ, SP, NT, NF이며, 이러한 4가지 기질의 특징은 다음과 같다.

즉 SJ기질은 의무를 중요시 여기고, 사회에서나 자신이 속한 곳에서 유용한 사람이 되길 원한다. 모든 기질 가운데 가장 책임감 있는 기질이며, 가정과 교회와 사회단체와 기업과 국가에서 중심축이 되는 경우가 많다.[234] SP기질은 사람들과 함께 하는 것을 즐거워하고, 자발적이고, 충동적으로 행동하며, 위기상황을 다루는 것을 좋아한다.[235] NT기질은 상황을 통제할 수 있는 힘을 갖고, 그 힘을 사용하는 것을 즐거워한다. 추상적인 이론을 좋아하고, 미래에 대한 웅장한 계획을 세우는 것을 즐긴다.[236] NF기질은 자아실현을 추구하며, 다른 사람의 말을 잘 들어준다. 언어적인 재능을 가지고 있으며, 50% 이상의 목회자들이 이 기질을 가지고 있다.[237] 이제 이러한 4가지 기질과 목회자의 사역의 관계를 살펴보자.

SJ기질

ISTJ, ESTJ, ISFJ, ESFJ 성격유형은 모두 SJ기질이며, 감각/판단형이다. SJ기질은 오감을 통해서 현실을 바라보기 때문에 삶과 신앙의 뿌리가 현실에 있으며 질서정연하며, 또한 사람들을 섬기는 일과 훈련하고 양육하는 것을 좋아한다.[238] 고통 중에 있는 사람들이나 도움이 필요한 사람들, 그리고 어려움을 당한 사람들에게 실질적이고 구체적인 도움을 제공한다. 그러나 SJ목회자는 기본 신앙을 강조하고, 과거의 전통과 유산을 보전하고 계승하는 것에 초점을 두며, 급격한 변화를 추구하지는 않는다.

SJ목회자들은 과정대로 따르지 않는 것을 제일 싫어하며, 교회 경영과 행정에 탁월하지만, 사람을 다루는 일에는 서툰 경향이 있다. 예배 형식을 중요하게 생각하며 위엄 있는 예배를 드리고자 하며, 예배가 시작되는 시간과 끝나는 시간이 정확한 편이다.[239] 이러한 특징적인 기질 덕분에 SJ목회자는 안정성장형교회에서 사역하는 것이 적합하다. 예상치 못한 여러 가지 목회 상황이 벌어질 수 있는 개척교회형교회에서 목회하는 일은 SJ목회자를 쉽게 지치게 하고, 탈진하게 만들 수 있다.

만일 SJ목회자가 교회를 개척하였다면, 목자 리더십, 섬기는 종 리더십, 그리고 사랑의 리더십을 자신의 목회에 적극적으로 도입하고 더욱 활성화시킬 필요가 있다. 뿐만 아니라 자신의 성격유형상 약점을 보완하고 개척교회를 더욱 성장시키려면, SP목회자와 동역하는 방안을 구상하는 것도 좋다.

예를 들자면 SP기질의 목회자를 개척교회 초기단계부터 동역목회자로 영입함으로써 각자 자신의 강점인 목회영역을 주사역분야로 설정하고 다른 목회영역은 상호협력과 동역하는 시스템을 갖추는 것이다. SJ목회자는 교회 경영과 행정, 성경공부 등에 주력하면서 교회의 질적인 성장을 추구하고, SP목회자는 심방사역, 전도사역 등에 주력하면서 교회의 양적인 성장을 추구하는 것이다. 이렇게 자신의 성격유형상 기질적인 강점은 살리고, 약점은 다른 기질의 목회자와 동역함으로써 보완하는 것이다. 이로써 서로의 기질적인 약점은 보완하고 상쇄하며, 서로의 강점은 더욱 살리게 되어 개척교회를 성장시킬 수 있는 시너지 효과를 얻게 될 것이다.

SP기질

ISTP, ESTP, ISFP, ESFP 성격유형은 모두 SP기질이며, 감각/인식형이다. SP목회자는 충동적이고 늘 활동을 필요로 하며, 매우 현실적이며, 행동파 사람이다.[240] 청중의 반응에 따라 말하고자 했던 주제나 원고를 버리고, 성도들이 은혜를 받는 주제에 더 많은 시간을 할애하기도 한다.[241] SP목회자는 뛰어난 협상가이며, 누군가의 마음을 돌려놓는 일에 최고의 전문가이기 때문에, 위기상황에서 뛰어난 능력을 보일 뿐만 아니라 일부러 위기상황을 만들어서 문제를 해결하기도 한다.[242] 예상해볼 수 있는 대로, SP목회자는 위기에 처한 사람들을 상담하는 일을 잘 한다.

SP목회자의 이러한 장점과 특성을 고려해볼 때, 잘 할 수 있는 사역은 심방사역, 위기 가정 상담이나, 전도사역이다. 평범한 일보다는 새로운 활동이나 프로그램을 잘 발명해서 사역에 적용하는데 뛰어난 능력을 발휘할 수 있다. 이러한 기질과 성격 유형에 따르면, SP목회자는 개척교회형교회에 가장 적합한 목회자이며, 개척교회에서 고정된 틀에 얽매이지 않고서 정말 신명 나게 목회할 수 있다.

하지만 오스왈드와 오토(Oswald and Otto)가 저술한 책을 보면, 1988년 TEAM 컨설팅 회사가 뉴욕 중부, 캘리포니아 남부, 뉴저지, 펜실바니아 서부, 웨스트버지니아, 오하이오 주에 있는 254명의 개신교 목회자들을 대상으로 한 MBTI 검사결과를 소개하고 있는데, SJ는 35%, NF는 41%, NT는 16%가 나왔지만 이에 반해 SP는 8% 정도 밖에 나오지 않았음을 밝히고 있다.[243] 이런 결과는 외향적인 활동을 좋아하는 SP기질은 예비 목회자가 밟아야 하는 교육과정을 너무 지루하고 길다고 여기기 때문에 목회에 헌신하는 사람들이 희소하기 때문일 것이다.

NT기질

INTJ, INTP, ENTP, ENTJ 성격유형은 모두 NT기질이며, 직관/사고형이다. NT목회자는 직관을 통해 의미와 가능성을 추구하면서 정보를 수집하며, 이런 정보를 토대로 해서 논리적이고 체계적인 분석을 한 후에 결론을 내린다. NT목회자는 맡은 임무에 충실하며, 주어진 모든 일에 최선을 다하고자 한다. 강한 신학적 믿음을 가지고 모든 성도들을 신학적 크리스천으로 변화시키고 싶어 한다. NT목회자는 구조를 파악하고 분석하는 능력 덕분에 교회에 조직적인 성장과 발전을 가져다 준다. 계획을 짜고 목표를 세우는 일을 중요하게 여기고 교회의 정책을 잘 성취한다.

일반적으로 NT목회자는 교회 성장, 즉 전도, 변화된 삶, 교회 음악, 예배 등에 뛰어난 성과를 낸다. 또한 하나의 목표를 달성하면 또 다시 새로운 일을 찾아 도전하는 성향이 있다.[244] 이러한 목표를 달성해내고 하나님의 새로운 역사에 도전하는 특징적인 기질과 성향 때문에, NT목회자는 안정성장형교회 뿐만 아니라 개척교회형교회에서도 교회를 성장시키는 일에서 뛰어난 역량을 발휘할 수 있다.

만일 교회개척의 뜻이 있다면, 개척교회 초기 단계에 있는 교회에 가서 함께 동역하면서 교회를 부흥시키는 일에 참여해볼 수 있다. 이러한 개척교회에서 실제적인 목회 경험은 본인이 나중에 하나님의 부르심을 받았을 때 교회를 개척하는 일에 크게 활용할 수 있는 아주 귀한 밑거름이 되어줄 것이다.

NF기질

INFJ, INFP, ENFP, ENFJ 성격유형은 모두 NF기질이며, 직관/감정형이다. NF목회자는 공통적으로 진실을 추구하고, 자아 실현 욕구가 강하다. 한편 직관과 감정이 발달했기 때문에 다른 사람의 감정 변화를 직관하는 놀라운 능력이 있으며, 좋은 상담자가 될 자질을 갖추고 있다. NF목회자는 늘 사람들과 상황에 잘 공감하기 때문에 본인이 공감하지 않을 때에도 마치 공감하는 것처럼 보일 때가 있다. 어느 때는 갈등 상황을 회피하고자 처신하는듯 보일 때도 있다.[245]

NF목회자도 안정성장형교회 뿐만 아니라 개척교회형교회에서 기존의 성도들을 독려하고 위로하는 목자 리더십을 발휘함으로써 교회를 안정적으로 성장시키는 일에서 뛰어난 역량을 발휘할 수 있을 것으로 보인다.

이상의 내용을 살펴볼 때, 안정성장형교회에서 목회하기에 적합한 기질은 SJ다. 반면 개척교회형교회에서 목회하기에 적합한 기질은 SP다. SP기질은 교회를 개척하여 목회하기에 적합한 기질이긴 하지만, 이러한 기질 자체가 성공적인 교회개척을 보장해주는 것은 아니다. 앞서 살펴본 개척교회에 필수적인 6가지 리더십과 함께 어울리고 조화를 이룰 때에만 교회개척이 성공적으로 이루어질 수 있다.

SP기질이 매우 활동적이고 위기상황을 대처하는 능력이 뛰어나며, 사람 친화적인 성향이 두드러진 장점이 있긴 하지만, 가시적인 성과가 보이지 않을 때에는 금새 의욕을 잃어버리거나 또는 정적인 상황을 견디기 힘들어 하는 등 단점도 아울러 가지고 있기 때문에,[246] SP목회자가 교회개척을 염두에 두고 있다면, 교회개척은 단거리 경주가 아니라 장거리 경주라는 마인드를 가져야 하며, 이 장거리 경주를 완주하려면 자신의 이러한 단점을 보완하려는 노력이 필요하다.

NF기질과 NT기질은 안정성장형교회와 개척교회형교회 모두에서 교회의 성장에 크게 기여할 수 있는 잠재력이 매우 많다. 개척교회를 위해 더욱 계발해야 할 3가지 목회자 리더십을 충분히 연마한다면, 개척교회에서 매우 만족스러운 목회를 할 수 있다. 앞서 언급한 대로 SP목회자와 동역하는 것도 개척교회를 활성화시킬 수 있는 하나의 대안이 될 수 있다. 개척교회의 초기단계나 아니면 교회개척의 중간 단계라도 SP목회자와 동역을 하게 되면 교회를 성장시키는데 상당한 동력을 얻을 수 있을 것이다.

교회개척의 부르심은 이러한 4가지 기질과 관계없이 하나님에게서 올 수 있다. 하지만 교회개척에 잘 어울리는 기질이 있고 그렇지 않은 기질이 있기 때문에, 기질적인 자신의 강점과 약점에 대한 이해없이 교회개척에 뛰어든다면 매우 힘든 시기를 보낼 수 있다. 그러므로 자신의 성격유형과 기질을 온전히 이해하고 또한 이러한 이해를 따라서 자신의 강점은 살리고 약점은 보완하거나 또는 나와는 다른 기질의 목회자와 동역하며, 거기에 더하여 교회개척을 위한 기본적인 3가지 목회자 리더십 자질과 아울러 교회개척을 위해 더욱 계발해야 할 3가지 목회자 리더십 자질을 보강하게 되면 교회개척의 시간은 고난과 질고의 시간이 아니라 오히려 행복한 시간이 될 수 있다.

16가지 성격유형과 목회자 리더십의 관계

MBTI 16가지 성격유형을 참고해서 자신의 사역지와 목회분야를 설정하는 것은 매우 유의미한 선택일 수 있다. 물론 MBTI 16가지 성격유형 모두가 목회사역에 나름 독특한 공헌을 할 수 있는 것이 사실이긴 해도, 어떤 특정한 목회영역은 자신에게 잘 맞지 않거나 지속적인 스트레스와 시련의 원천이 될 수도 있다.

미국과 캐나다에서 목회자들을 대상으로 한 리더십 세미나를 수백 회 개최하여 큰 영향을 끼쳤던 오스왈드와 오토 (Roy M. Oswald and Kroeger Otto)는 흥미롭게도 목회자가 새로운 교회에 부임할 때, 이러한 목회자의 성격유형과 새로운 교회 회중의 관계를 결혼으로 표현하면서 "목회자와 회중의 결혼은 종종 적대적인 이혼으로 끝난다"[247] 고 표현했다. 새로운 목회자가 기존 목회자의 성격유형과 전혀 다를 경우, 교회 회중의 기대치에 미치지 못하거나 아니면 역행하는 일이 일어나 서로 상처만 입고 헤어지는 일이 비일비재하게 일어나기 때문이다. 뿐만 아니라 자신의 성격유형은 안정성장형교회에서 목회하거나, 또는 동역하는 위치에서 섬길 때 자신의 역량을 최대한도로 발휘할 수 있음에도 야망을 품고 교회개척에 나서게 된다면 결국 본인의 꿈 뿐만 아니라 자신의 가정마저 산산이 부서지는 일도 있음을 명심해야 한다.

모든 목회자가 행정에 탁월하고, 어떤 상담이든 잘 하고, 잘 가르치고, 설교를 잘하고, 갈등상황을 잘 해결할 수 있는 것은 아니다. 목회자의 성격유형에 따라서 잘 할 수 있는 영역이 있고, 그렇지 않은 영역이 있기 마련이다. 목회자는 자신의 강점을 살릴 수 있는 목회영역에서 목회를 할 때에만 목회의 좋은 결실을 맺을 수 있다. 만일 자신의 약점을 알고 있다면, 부단한 노력을 통해서 보완할 수 있어야 한다. 이제 구체적으로 16가지 성격유형과 리더십의 관계를 살펴보자.

(1) ISTJ

ISTJ의 기본 기질은 SJ이며, 이러한 기질의 목회자는 한번 시작한 일은 끝까지 해내는 장점이 있긴 하지만, 자신이 세운 원칙을 고집하면서 기존의 틀을 바꾸지 않고 자신의 원칙을 고수하려는 성향이 강하다.[248] ISTJ는 대체적으로 일을 꼼꼼하게 처리하긴 하지만, 그다지 따뜻하거나 외향적인 성격은 아니다.[249]

이러한 성향의 목회자는 새로운 사람들을 만나 사귐을 갖고, 복음을 전하는 사역은 버거운 일일 수 있다. 오히려 안정성장형교회에서 깊은 영성을 추구하는 성도들을 대상으로 하는 영성지도나 소그룹 성경공부 또는 교리공부에 적합하다. 자신만의 방법이나 생각을 고집하기 쉽기 때문에, 다른 성격유형의 목회자와 충돌할 가능성을 배제하긴 어렵다. 만일 ISTJ형 목회자가 이렇게 담임 목회자나 또는 동역 목회자와의 의견충돌이나 갈등이 지속되는 가운데 있을 때, 혹시라도 교회개척이란 대안을 떠올릴 순 있지만, 그것은 바른 선택이 아닐 수 있다.

오히려 자신의 성격유형을 충분히 파악하고, 자신의 약점을 보완하는 것이 더 좋은 선택일 수 있으며, 타인과의 융화나 관계개선을 위한 노력을 하는 것이 더 좋다. ISTJ형 목회자는 안정성장형교회에서 더 깊은 영성을 추구하는 목회를 하는 것이 본인의 성격유형에 더욱 적합하다.

만일 자신의 성격유형에 맞지는 않지만 하나님의 소명 때문에 교회 개척에 뛰어들었다면, 외향성을 더욱 발전시키고 또한 사람 친화적인 성향으로 부단히 자신을 변화시킬 필요가 있다. 자신의 성격유형의 약점을 보완할 뿐만 아니라 교회성장을 위한 6가지 리더십 자질을 계발하고 또한 발전시키는 노력에 비례해서 개척교회는 더욱 발전되어가게 될 것이다.

(2) ISTP

ISTP의 기본 기질은 SP다. 조용하고 말이 없으며 인생을 논리적으로 분석하려는 성향이 있으며, 뚜렷한 사실에 근거한 객관적인 것이 아니면 확신하지 않으며, 긴급한 상황에 대비하는 뛰어난 감각으로 상황이 요구하는 것을 정확하게 이해하고 해내는 장점을 가지고 있다.[250] 믿음의 표현이 직설적이며, 초점이 없는 가르침이나 모임을 싫어하며, 이러한 성향이 지나치면 신앙생활 공동체로부터 자기 자신 스스로를 소외시키는 경향이 있다.[251] ISTP형 목회자는 주어진 상황에 대한 적절한 파악능력과 위기상황을 최소한의 노력으로 극복할 뿐만 아니라 뛰어난 성과를 낼 수 있는 장점 때문에, 개척교회형교회와 안정성장형교회 모두에 적합하다.

(3) ESTP

ESTP의 기본 기질은 SP이다. 관대하고 느긋하며 개방적인 모습을 나타내며, 갈등이나 긴장 상황을 잘 무마시키는 능력이 있다.252 현재적인 삶에 치중하며 때로는 영적 생활을 간과하기도 하며, 신앙생활이 무미건조할 때에는 참고 견디는 것을 어려워하는 경향이 있다.253 어린아이들이나 청년들을 잘 가르치며, 교실 분위기를 활기차게 만든다.254 이 유형의 목회자는 주일학교, 여름성경학교, 캠프 사역에 매우 적합한 장점을 갖고 있기 때문에, 교회의 여러 성장 단계에서 사역을 매우 힘있게 할 수 있으며 교회의 부흥에 큰 성과를 낼 수 있다.

매우 실용주의적인 성향을 많이 갖고 있기 때문에 안정성장형교회뿐만 아니라 개척교회형교회 모두에 적합하다. 하지만 성격유형의 특성상 개척교회 초기 단계에서 사람들이 거의 없는 상태는 매우 힘들어 할 수 있으며, 다만 이 시기를 잘 참고 견디어 내어 20여명 이상의 성도들이 모이는 단계에 들어서면 매우 힘있게 사역할 수 있다.

(4) ESTJ

ESTJ의 기본 기질은 SJ이다. 일을 조직하여 프로젝트를 계획하고 추진하는 능력이 있으며, 사업이나 조직을 현실적이고 체계적으로 이끌어 나가는데 타고난 재능을 가지고 있다.255 ESTJ형 목회자는 같은 신앙을 나누는 사람들과의 친목 자체를 즐거워하며 또한 그룹 모임을 즐기면서 상호작용하는 가운데 하나님의 임재를 느끼기 때문에, 그룹으로 모여서 성경과 교리를 공부하는 것을 즐겁게 할 수 있다.256 교회

행정에 가장 적합하지만 너무 규칙과 규정만 따지는 사람이라는 소리를 종종 듣는다.257

ESTJ형 목회자는 사람들을 만나 친목과 사귐을 나누는 것을 즐거워하며, 사람들을 조직하는 뛰어난 능력이 있기 때문에, 개척교회형교회와 안정성장형교회 모두 목회와 사역을 잘 감당할 수 있다. 하지만 만일 개척교회 초기 단계에서 사람들이 많이 모이지 않는 상태라면 실력 발휘를 할 수 없는 상황이기 때문에 힘든 시기를 보낼 수 있다. 만일 이미 교회가 개척되어 어느 정도 시작 단계를 넘어서 서서히 자리를 잡아가는 상황이라면 이 단계에 투입되어 교회개척자와 함께 동역하거나, 아니면 본인이 교회를 개척한 상태라면 SP기질의 목회자와 동역사역을 하게 된다면 시너지 효과를 낼 수 있다.

(5) ISFJ

ISFJ의 기본적인 기질은 SJ다. 책임감이 강하고 온정적이며 헌신적일 뿐만 아니라 세부적이고 치밀하며 반복을 요구하는 일을 끝까지 수행하는 등 인내심이 강하다.258 홀로 기도하기를 좋아하고, 침묵기도를 즐기며, 또한 자신의 실제적인 신앙생활과는 거리가 멀다고 생각하기 때문에 철학적이고 교리적인 주제는 싫어하는 성향을 나타낸다.259

ISFJ형 목회자는 사람에 대한 관심이 많고 따뜻한 온정을 품고 있기 때문에, 성도들을 심방하고 위로하고 격려하는 사역을 잘 감당할 수 있다. 힘들고 어려운 사람들을 찾아가 구제하고 복음을 나누는 일을 즐거운 마음으로 할 수 있다. 그러므로 ISFJ형 목회자는 개척교회와 안정성장형교회 모두에서 목회할 수 있지만, 사람들에게 명령하고 지시하는 역할은 버거울 수 있기 때문에,260 단독목회 보다는 협동목회를 하는 것이 좋아 보인다.

(6) ISFP

ISFP의 기본 기질은 SP이다. 자신의 삶 속에서 자신을 지켜주고 동행하시는 하나님을 체험하길 즐길 뿐만 아니라 다른 사람들을 돕고, 하나님을 체험하도록 돕는 일을 좋아한다.261 다른 사람에게 동정적이며 그 따뜻함을 말보다는 행동으로 나타내며, 다른 성격유형 가운데서 자신의 능력에 비해서 가장 겸손한 성품을 가지고 있다.262

ISFP형 목회자는 교회개척의 소명이 있다면, 매우 잘 감당해낼 수 있는 최적의 조건을 갖추고 있다. 인간을 이해하고 사람들이 기뻐하는 일에 헌신하기를 좋아하고, 어떤 대가를 바라지 않고 높은 목적 의식을 가지고 살아가길 바랄 뿐만 아니라,263 매우 겸손한 모습은 지치지 않고 잃어버린 영혼들을 구령하는 일에 헌신하게 해줄 것이다. 뿐만 아니라 ISFP형 목회자의 그러한 성스러운 모습은 불신세계를 비추는 빛으로, 세상의 부패를 방지하는 소금처럼 비칠 수 있기 때문에 세상 사람들에게 엄청난 호감을 줄 수 있으며, 전도의 열매를 풍성하게 맺을 수 있다. ISFP형 목회자는 개척교회형교회에 매우 적합하다.

(7) ESFP

ESFP의 기본 기질은 SP이다. 친절하고 수용적이며 어떤 상황에도 잘 적응하고 대체로 사람들을 잘 받아들일 뿐만 아니라 주위에서 진행되는 일이나 활동에 관심이 많고 기꺼이 그 일에 함께 하고 싶어 한다.264 ESFP형 목회자는 조직적으로 잘 가르치며, 자료를 아주 명료하면서도 점진적으로 제시하고 가르치며, 자신이 속한 교단이 내세우는 전통적인 주제를 가르치는데 탁월하다.265

이러한 사람 친화적인 성격과 처음보는 사람들에게 호감을 쉽게 얻는 장점 때문에 사람들에게 다가가기 쉬우며, 복음을 전해 영혼을 얻는 일을 쉽게 할 수 있다. 개척교회형교회 뿐만 아니라 안정성장형교회에서 목회하는 일을 즐겁게 할 수 있으며, 자신의 리더십 자질들을 더욱 계발할 수 있다면 그에 비례해서 교회성장에 지대한 공헌을 할 수 있다. ESFP형 목회자는 개척교회형교회에 매우 적합하다.

(8) ESFJ

ESFJ의 기본 기질은 SJ이다. 동정심과 동료애가 많으며, 친절하고 양심적이며, 또한 화합을 위해 갈등상황을 피하려는 성향이 있으며, 자신의 신앙생활이 무료해도 새로운 것을 시도하기 보다는 해오던 대로 계속 고수하고자 한다.²⁶⁶ ESFJ형 목회자는 자료를 사용해서 조직적으로 가르치는 일을 잘하며,²⁶⁷ 해야 할 일과 해서는 안될 일에 대한 기준이 명확하다.²⁶⁸ 이러한 원칙주의적인 성향의 목회자는 안정성장형교회에 매우 적합하며, 따뜻함과 동정심을 필요로 하는 성도들에게 크게 감화를 줄 수 있다.

(9) INFJ

INFJ의 기본 기질은 NF이다. 강한 직관력의 소유자로서 창의력과 통찰력이 뛰어나며, 공동의 이익을 가져오는 일에 심혈을 기울이고 사람과의 화목과 동료애를 중요시하기 때문에 주변 사람들에게 존경을 받는다.²⁶⁹ INFJ형 목회자는 의례적이고 반복적인 기도를 싫어하며, 하나님이 실제로 친한 친구인 것처럼 기도한다.

하나님을 위해 살고자 하는 열망이 특출나며, 성경을 통하여 하나님의 말씀을 배우고, 이를 오늘날 현재의 상황에 적용하는데 탁월하다.²⁷⁰ INFJ형 목회자는 개척교회형교회와 안정성장형교회 모두에서 힘있게 목회할 수 있는 잠재력을 가지고 있긴 하지만, 반복되는 단순성을 싫어하는 성향 때문에 보다 창의적으로 목회할 수 있는 환경이 보장된 개척교회에서 목회하는 것이 더 좋을 수 있다.

(10) INFP

INFP의 기본 기질은 NF이다. 마음이 따뜻하긴 하지만 상대방을 잘 알 때까지 자신의 마음을 잘 표현하지 않으며, 자신의 일이나 자신과 관련된 사람들에 대해서 책임감이 강하고 성실하다.[271] INFP형 목회자는 하나님을 삶의 일부로 여길 정도로 영적인 문제에 관심이 많지만, 실제 삶에서 일어나는 갈등상황을 적극적으로 회피하려는 성향이 있으며, 다른 사람들의 눈에 비현실적이고 이상주의자로 비친다.[272] 행정적인 문제를 처리하는데 가장 힘들어 할 수 있으며, 교회 경영이나 행정에 있어서 무능한 사람으로 보일 수 있다.[273]

이러한 성격유형의 목회자는 모든 것이 정형화된 목회환경 보다는 훨씬 자유롭고 개방적인 교회 분위기에서 목회하는 것이 좋을 수 있으며, 안정성장형교회에서 단독목회 보다는 동역 목회나 협동 목회를 통해서 교회의 성장에 한몫을 하는 것이 좋을 수 있다.

(11) ENFP

ENFP의 기본 기질은 NF이다. 열정적이고 창의적이며, 풍부한 상상력과 영감을 갖고서 새로운 프로젝트를 시작하는 것을 잘 한다.[274] ENFP형 목회자는 신앙생활에 적극적이며, 가장 새롭고 최근에 유행하는 신앙운동이나 그 운동의 지도자를 따르는 경향이 있으며, 외향성이기 때문에 이야기를 할 때 대화를 독차지하는 것을 좋아한다.[275]

계속 흥미를 끌 만한 일에 매료되어 새로운 가능성을 추구하면서 창의적이고 즉흥적인 일을 시도하며, 또한 일상적이고 반복적인 일은 흥미를 끌거나 열정을 일으키지 못하는 성향이 있기 때문에, 안정성장형교회보다는 개척교회형교회에서 목회를 하는 것이 본인의 적성에 잘 맞을 수 있다. 하지만 목회의 최종적인 목표는 그리스도의 몸을 세우는 것이기 때문에, 이러한 분명한 푯대를 가지고 목회를 해야만 중간에 길을 잃어버린 듯한 상실감을 갖지 않을 수 있다. 단독목회 보다는 동역과 협력 목회가 더 적절해 보인다.

(12) ENFJ

ENFJ의 기본 기질은 NF이다. 동정심과 동료애가 많으며, 사람 간의 또는 조직 내의 화목과 인화단결을 중요하게 여긴다.[276] ENFJ형 목회자는 학생들에게 헌신적이며, 가르치는데 은사가 있으며, 항상 긍정적인 학습 분위기를 이끌어내는데 탁월하기에 가장 이상적인 교사라고 할 수 있다.[277] ENFJ형 목회자는 ESFJ형 목회자와 함께 교회 행정을 잘 감당하긴 하지만 자신이 듣고 싶지 않은 말은 잘 들으려 하지 않는 경향이 있다.[278]

화목하고 조화로운 인간관계에 높은 가치를 두는 성향 때문에, 어느 정도 안정화되고 있는 개척교회형교회와 안정성장형교회 모두에서 매우 훌륭한 리더십을 발휘할 수 있다. 하지만 단독으로 교회개척을 한다면 사람이 없는 초기 단계에선 힘든 시기를 보낼 수 있기 때문에, 혈혈단신으로 교회개척에 뛰어들기보다는 가능한 개척팀을 형성해서 진행하는 것이 좋다. 아울러 파송교회의 적극적인 후원과 지원을 받는 방식으로 교회개척을 진행할 수 있다면 매우 안정된 상태에서 개척교회를 할 수 있으며, 매우 힘차게 목회할 수 있다.

(13) INTJ

INTJ의 기본 기질은 NT이다. 행동과 사고에 있어서 매우 독창적이며, 16가지 성격유형 중에서 가장 독립적이고 단호하다.[279] INTJ형 목회자는 내향적이기 때문에, 자신의 세계에 빠져 외부 상황이나 다른 사람들에 대한 관심을 소홀히 하는 경향이 있으며,[280] 목적을 정하면 저돌적으로 돌격하는 경향이 있다. 뿐만 아니라 자신의 목표를 성취하기 위해 시간과 노력을 기꺼이 투자하며, 결단력과 인내력이 뛰어나다.[281]

이러한 성격유형은 교회개척이라는 하나님의 부르심이 있다면, 끝까지 목표한 바를 달성해내는 저력을 발휘할 수 있긴 하지만, 교회개척을 위한 경제적인 충분한 준비가 뒷받침되지 않는다면 가족들이 고통을 당할 수 있을 뿐만 아니라 이로 인해서 본인도 매우 힘든 시기를 보낼 수 있다. 만일 교회개척이라는 분명한 하나님의 소명이 있다면, 파송교회와의 친밀한 관계 위에서 진행하는 것이 좋으며 단독으로 개척에 나서기 보다는 교회분가에 의한 개척을 선택하는 것이 좋다.

(14) INTP

INTP의 기본 기질은 NT이다. 조용하고 과묵하나 관심 있는 분야에 대해서는 매우 적극성을 띠며, 사람 중심적이기 보다는 일이나 아이디어 중심적이다.[282] 신앙을 이성적이고 지성적으로 접근하며, 사고 차원에서 내면화시키는 성향이 있으며, 남을 의식하지 않는다.[283]

INTP형 목회자는 논리적이고 객관적인 사고를 하는 성향이 있기 때문에 교리를 체계화하고 또한 교리적인 서적과 성경공부 공과 등을 기획하고 저술하고 편집하고 출판하는 사역에 잘 어울린다. 교회사역을 외향적인 부목회자와 분담하면서 상호 협력하고 동역하게 되면 만족스러운 목회를 할 수 있다. INTP형 목회자는 단독으로 교회개척을 진행하기 보다는 교회분립에 의한 교회개척을 진행하는 것이 좋으며, SP 목회자와 개척팀을 이루어 교회개척을 진행하면 훨씬 활력 있는 목회를 할 수 있다.

(15) ENTP

ENTP의 기본 기질은 NT이다. 독창적이며 창의력이 풍부하기 때문에 새로운 가능성을 찾고 새로운 시도를 하는 유형이다.[284] ENTP형 목회자는 살아가면서 맞이하는 삶의 위기 상황을 극복하는 과정에서 하나님을 발견하는 기쁨을 맛보며, 규칙적인 신앙생활을 선호하지 않는 성향을 나타낸다.[285]

너무 관료주의적인 기질의 목회자는 원리 원칙만을 고수할 수 있지만, 이처럼 틀에 얽매이는 것을 선호하지 않는 NT기질은 개척교회형 교회 상황에서 유연하게 대처할 수 있는 리더십과 맞물리면서 오히려 창조적인 리더십을 나타낼 수 있으며, 교회개척 성장의 동력으로 작용할 수 있을 것이다. 그럼에도 개척교회를 위한 기본적인 3가지 리더십 자질을 잘 연마할 필요가 있다.

(16) ENTJ

ENTJ의 기본 기질은 NT이다. 활동적이며 행정적인 일과 장기적인 계획을 세우고 실행하는 능력이 뛰어나다.[286] ENTJ형 목회자는 스스로 자신의 삶의 의미와 목적을 추구하는 과정에서 인간을 능가하는 하나님의 존재를 발견하며, 이러한 경험을 바탕으로 신앙 문제를 지적으로 잘 다루면서 가르치는 일을 잘한다.[287] 그러므로 다른 사람들의 아이디어나 경험으로부터 배울 수 있다는 사실은 잘 인정하지 않으려 하고, 지나치게 자신의 능력만을 믿는 경향이 있기 때문에[288] 현실적인 상황을 잘 파악하고 꼼꼼하게 상황을 챙길 수 있는 능력을 가진 목회자와 동역하는 것이 좋다. 이러한 특징 때문에 안정성장형교회에서 목회하는 것이 좋아 보이며, 개척교회형교회에서 목회하더라도 자신의 약점을 보완해줄 수 있는 부목회자와 동역하는 것이 좋다.

이상 MBTI 16가지 성격유형과 리더십과의 관계를 조명함으로써, 목회자의 성격유형에 따라 교회개척에 유리한 성격유형이 있음을 볼 수 있었다. 이러한 성격유형은 목회자 본인의 리더십 자질과 연결되면 시너지 효과를 낼 수 있기 때문에, 자신의 성격유형을 온전히 파악하고 또한 교회개척에 필수적인 6가지 리더십 자질을 더욱 계발하게 되면 교회개척에 엄청난 원동력을 제공할 수 있다.

그러므로 교회개척의 소명을 받았거나, 아니면 교회개척을 마음에 품은 목회자는 기본적으로 자신의 MBTI 성격유형을 온전히 이해하고, 장점은 더욱 강화시키고 또한 약점은 보완할 필요가 있다. 이에 더하여 개척교회의 효과적인 성장에 필수적인 리더십을 온전히 숙지하고 또한 자신에게 부족한 리더십 자질을 보완하고 또 장점은 더욱 계발하게 되면, 교회개척은 때를 따라 돕는 하나님의 은혜를 통해서 순탄하게 진행되어 가게 될 것이다.

이러한 자신의 MBTI성격유형과 리더십 자질간의 상호 관계를 충분히 이해했다면 개인적인 훈련과 자질 계발이 필요하긴 하지만, 여기에 더하여 자신의 성격유형의 약점을 보완해줄 수 있는 다른 성격유형의 목회자와 동역을 통해서 개척교회를 성장시키는 방안을 생각해볼 수 있다. 물론 이러한 결정을 내리고 실제화시키기까지는 하나님의 뜻을 분별하는 가운데 많은 기도와 숙고의 시간을 가져야 한다.

제5장 결론

한국교회는 교회개척을 통해서 놀라운 성장을 이루어 왔다. 그렇지만 한국 교회의 이러한 폭발적인 성장의 그림자 속에는 헤아릴 수 없이 많은 개척교회들이 존립 자체의 문제를 놓고 고통을 당하고 있는 것도 사실이다.[289] 이러한 원인에는 여러 가지가 있을 수 있지만, 개척교회에 적합한 리더십 자질이 충분히 계발되지 않았거나 또는 개인의 성격유형이 교회 개척에 적합하지 않았을 수가 있다.

본서는 개척교회라는 특수한 상황을 이해하고 자신의 성격유형의 장단점을 충분히 이해함으로써 자신의 약점은 보완하고 강점은 강화하며 또한 이러한 개척교회 상황에 필요한 6가지 리더십 자질을 계발한다면,[290] 하나님의 도우심을 힘입어 교회개척이라는 사명을 이루어 낼 수 있다는 결론에 도달하게 되었다.

교회개척이 분명 하나님의 명령이며, 새로운 지역으로 가서 잃어버린 영혼들에게 복음을 전해 구령하고, 새롭게 믿게 된 사람들을 그리스도의 몸으로 세우는 성령의 위대한 역사이긴 하지만, 교회개척을 하려는 목회자에게 절대적으로 필요한 리더십 자질이 있으며, 더욱이 교회개척을 효과적으로 성취할 수 있는 개인의 성격유형이 따로 있기 때문에, 이에 대한 충분한 이해와 자신의 부족한 부분을 보완하는 노력과 준비를 할 필요가 있다.

	따라서 본서는 교회개척에 기본적으로 필요한 3가지 리더십 자질과 교회개척을 위해서 더욱 계발되어야 할 3가지 리더십을 밝혔으며, 이러한 리더십 자질을 계발할 수 있는 방법을 제시하였다. 뿐만 아니라 이러한 6가지 리더십 자질과 MBTI성격유형이 함께 어우러지고 조화를 이룸으로써 시너지 효과를 낼 때에만 개척교회를 효과적으로 성장시킬 수 있다는 점을 밝히 드러내고 있다.

	그러므로 교회개척을 꿈꾸고 있거나 또는 교회개척의 소명을 받았거나 아니면 교회개척의 현장 속에서 고군분투하고 있는 목회자라면 교회개척에 필요한 리더십 자질과 역량을 더욱 계발하고, 자신의 성격유형에 따른 장단점을 이해하고서 강화할 부분은 강화하고 보완할 부분은 보완할 때 개척교회를 효과적으로 성장시킬 수 있는 동력을 얻게 될 것이다.

향후 연구를 위한 제언

본서는 개척교회의 효과적인 성장을 위한 목회자 리더십 자질과 성격유형간의 관계 연구를 통해서 교회개척에 절대적으로 필요한 리더십 자질이 무엇이며, 어떠한 성격유형의 목회자가 교회개척에 적합한지를 밝히 드러내주고 있다. 목회자의 리더십은 리더십이 지향하고 있는 교회 성도들과의 관계 속에서 역동적인 시너지 효과를 낼 수 있기 때문에, 만일 목회자 외에도 같은 교회에서 섬기는 집사와 같은 직분자 그룹이나 또는 전체 성도들까지 확대해서 비교 연구를 할 수 있다면 더 좋을 것이란 생각을 하게 되었다.

본서는 주로 목회자를 대상으로 설문조사와 MBTI 검사를 진행했지만, 부교역자와 평신도 지도자, 또는 성도들까지 포함해서 상호간 MBTI 성격유형의 비교연구를 함으로써, 목회자와 비슷한 성격유형의 성도들이 많은 것이 교회성장에 도움이 되는지, 아니면 다양한 성격유형의 성도들이 골고루 있는 것이 교회성장에 도움이 되는지를 연구하게 되면 목회자와 성도간 MBTI의 상호작용과 역할에 대한 보다 심도 깊은 연구가 될 것이다.

참고문헌

외국서적

Bass, B. M. *Leadership and Performance Beyond Expectation*. New York: Free Press, 1985.

Clinton, J. Robert. *Leadership Perspective-How to Study the Bible for Leadership Insights*. Altadena, CA: Barnabas Publisher, 2006.

Grudem, Wayne. *Systematic Theology*. Grand Rapids, Michigan: Zondervan, 2000.

Malphurs, Aubrey. *Planting Growing Churches For The 21st Century*. Grand Rapids, Michigan: Baker Books, 2004.

번역서적

Bennis, Warren, and Burt Nanus. *리더와 리더십 (Leaders)*. 김원석 역. 서울: 황금부엉이, 2013.

Bennis, Warren, Gretchen M. Spreitzer, and Thomas G. Cummings. *퓨처 리더십 (The Future of Leadership: Today's Top Leadership Thinkers Speak to Tomorrow's Leaders)*. 최종옥 역. 서울: 생각의나

무, 2002.

Bridges, Charles. 참된 목회 (Spiritual Leadership). 윤종석 역. 서울: 두란노, 2017.

Blandchard, Ken, and Grarry Ridge. 리더의 조건 (Helping People Win at Work). 유영희 역. 서울: 21세기북스, 2010.

Blackaby, Henry. 영적 리더십 (Spiritual Leadership). 윤종석 역. 서울: 두란노, 2017.

Blackaby, Henry, Henry Brandt, and Kerry L. Skinner. 지명 (The Power of the Call). 임태호 역. 서울: 디모데, 1999.

Briner, Bob. 예수님처럼 경영하라 (The Management Methods of Jesus: Ancient Wisdom for Modern Business). 최종훈 역. 서울: 청림출판, 2006.

Carson, Benjamin. 위험을 감수하라 (Take the Risk). 정미나 역. 서울: 해피니언, 2008.

Cedar, Pall. 섬기는 지도자 (Strength In Servant Leadership). 김성웅 역. 서울: 선교햇불, 2002.

Clifton, Jim, and Jim Harter. 강점으로 이끌어라 (It's the Manager). 고현숙 역. 파주: 김영사, 2020.

Clinton, J. Robert. 효과적인 리더십 계발 이렇게 하라! (Leadership Training Models), 임경철 역. 서울: 하늘기획, 2009.

Covey, Stephen R. 성공하는 사람들의 7가지 습관 (The 7 Habits of Highly Effective People). 김경섭 역. 서울: 김영사, 2006.

Daman, Glenn. *중소형교회 성공 리더십 (Shepherding the Small Church: A Leadership Guide for the Majority of Today's Churches)*. 김기현, 민경식 역. 서울: 대한기독교서회, 2006.

Darby, John Nelson. *존 넬슨 다비의 성경주석 시리즈: 에베소서 (Synopsis of the Books of the Bible, Ephesians of J. N. Darby)*. 이종수 역. 서울: 형제들의집, 2013.

_____. *존 넬슨 다비의 새번역 성경 (The Holy Scriptures: A New Translation from the Original Language by J. N. Darby 1871)*. 이종수 역. 서울: 형제들의집, 2021.

Dotlich, David L., and Peter C. Cairo. *당신을 성공으로 이끄는 1% 리더십 (Why CEOs Fail)*. 서영조, 정지연 역. 서울: 아인앤컴퍼니, 2004.

Driscoll, Mark, and Gerry Breshears. *빈티지 교회 (Vintage Church)*. 이용중 역. 서울: 부흥과개혁사, 2011.

Dupont, Marc. *권위 있는 섬기는 종 (Walking Out of Spiritual Abuse)*. 최동수 역. 서울: 죠이선교회출판부, 2002.

Eddie Gibbs. *넥스트 처치 (Next Church)*. 임신희 역. 개정판. 서울: 교회성장연구소, 2010.

Engstrom, Ted, and Paul Cedar. *긍휼의 리더십 (Compassionate Leadership)*. 이득선 역. 서울: 쉐키나 출판사, 2008.

Ford, Leighton. *변화를 일으키는 리더십 (Transforming Leadership)*. 김기찬 역. 서울: 생명의말씀사, 1994.

Foss, Michael W., and Terri Martinson Elton. 팀 리더십의 핵심 (What Really Matters). 서울: 국제제자훈련원, 2006.

Puryear, Edgar F. Jr., 영혼을 지휘하는 리더십 (Nineteen Stars: A Study in Military Character and Leadership). 이민수, 최정민 역. 서울: 책세상, 2005.

George, Carl F., and Robert E. Logan. 리더십과 교회성장 (Leading & Managing Your church). 송용조 역. 서울: 서울성경학교출판부, 1990.

Hackman, Michael Z., and Craig Johnson. 소통의 리더십 (Leadership: A Communication Perspective). 김영임, 최재민 편역. 서울: 에피스테메, 2010.

Hansen, David. 참된 사랑 목회의 능력(The Power of Loving Your Church). 윤귀남 역. 서울: 요단출판사, 2002.

Heifetz, Ronald A. 하버드 케네디스쿨의 리더십 수업 (Leadership without Easy Answers). 김충선, 이동욱 역. 서울: 더난출판, 2008.

Heifetz, Ronald A., and Marty Linsky. 실행의 리더십 (Leadership on the Line: How to Stay Alive Through the Dangers of Leading). 서울: 위즈덤하우스, 2006.

Hersey, Paul. 상황을 이끄는 리더가 성공한다 (The Situational Leader). 이영운 역. 서울: 도서출판횃불, 2000.

Hodges, Melvin L. 교회 개척의 가이드 (A Guide to Church Planting). 권달천 역. 서울: 생명의말씀사, 1985.

Hunter, James C. 서번트 리더십 (The Servant Leadership). 김광수 역. 서울: 시대의창, 2005.

Johnson, Ben Campbell. 목숨걸 사명을 발견하라 (Hearing God's Call). 이용복 역. 서울: 규장, 2002.

Jung, Carl G. 심리유형 (Psychological Types). 정명진 역. 서울: 부글, 2022.

Keller, Timothy. 센터 처치 (Center Church: Doing Balanced, Gospel-Centered Ministry in Your City). 오종향 역. 서울: 두란노, 2016.

Kelly, William. 그리스도와의 연합을 통한 성령의 역사 (The New Testament Doctrine of the Holy Spirit). 이종수 역. 서울: 형제들의집, 2013.

Kotter, John P. 변화의 리더십 (What Leaders Really Do). 신태균 역. 서울: 21세기북스, 2005.

Lee, Blain. 지도력의 원칙 (The Power Principle). 장성민 역. 서울: 김영사, 1999.

Logan, Clark. 행동하는 기독교 (Christianity in Action: First Century Principles for Today). 이우진 역. 고양: 전도출판사, 2016.

Malphurs, Aubrey. 교회 부흥 전략 (Advanced Strategic Planning). 성종국 역. 서울: 대장간, 2017.

_____. 역동적 교회 리더십 (the Dynamics of Church Leadership). 홍성화 역. 서울: 비즈니스북스, 2014.

Maxwell, John C. 당신 안에 잠재된 리더십을 키우라 (Developing The Leader Within You). 강준민 역. 서울: 두란노, 2000.

_____. 존 맥스웰 리더십 불변의 법칙 (The 21 Irrefutable Laws of Leadership). 홍성화 역. 서울: 비즈니스북스, 2014.

McCann, Deiric. ed. 리더십 카리스마 (Leadership Charisma). 이용광, 노주선 역. 서울: 시그마북스, 2012.

Maccoby, Michael. 우리는 왜 리더를 따를까 (The Leaders We Need). 권오열 역. 서울: 비전리더십, 2010.

_____. 역동적 교회 리더십 (The Dynamics of Church Leadership). 고영민, 김기원 역. 서울: 엘맨, 2001.

Michael, Larry J. 스펄전의 리더십 (Spurgeon On Leadership). 조계광 역. 서울: 생명의말씀사, 2005.

Murray, Andrew. 영적 능력의 비밀 (The Secret of Spiritual Power). 유재덕 역. 개정증보판. 서울: 브니엘, 2012.

Oswald, Roy M., and Kroeger Otto. MBTI로 보는 다양한 리더십 (Personality Type and Religious Leadership). 최광수, 이성옥 역. 서울: 죠이선교회출판부, 2005.

Patrick, Darrin. 교회 개척자 (Church Planter). 이지혜 역. 서울: 복있는사람, 2011.

Pearman, Roger. 성격유형과 리더십 (Enhancing Leadership Effectiveness through Psychological Type). 김명준, 백연정 역. 서울: 어세스타, 2006.

Perkins, N. T. Dennis. 섀클턴의 서바이벌 리더십 (Leading at The Edge: Leadership Lesson From The Extraordinary Saga of Shackleton's Antarctic Expedition). 최종옥 역. 서울: 뜨인돌, 2004.

Rainer, Thom. 좋은 교회에서 위대한 교회로 (Breakout Churches). 최예자 역. 서울: 묵상하는사람들, 2022.

Richardson, Ronald. 교회는 관계 시스템이다 (Creating a Healthier Church). 유재성 역. 서울: 국제제자훈련원, 2009.

Richmond, Sharon Lebovitz. 성격유형과 CEO 리더십 개발 (Introduction to Type and Leadership). 김명준, 윤은희 역. 서울: 에세스타, 2008.

Sanders, John Oswald. 영적 지도력 (Spiritual Leadership). 이동원 역. 서울: 요단출판사, 1997.

Schwartz, Peter. 미래를 읽는 기술 (The Art of the Long View). 박슬라 역. 서울: 비즈니스북스, 2005.

Scroggie, W. Graham. 사랑의 삶 (The Love Life: A Study of 1 Corinthians 13). 정병은 역. 고양: 전도출판사, 2003.

Stowell, Steven J., Choi Chieyoung, and Matt M. Starcevich. 성공을 창조하는 사람들의 코칭 스킬 윈윈 파트너십 (Win Win Partnership). 서울: 21세기북스, 2005.

Towns, Elmer, and Douglas Porter. 사도행전식 교회개척 (Church that multiply). 서울: 생명의말씀사, 2005.

Tripp, Paul David. 목회, 위험한 소명 (Dangerous Calling). 조계광

역. 서울: 생명의말씀사, 2013.

Warner, Chris, and Don Schmincke. *어떤 상황에서도 두려움 없는 극한의 리더십 (High Altitude Leadership)*. 권오열 역. 서울: 비전과리더십, 2011.

Warren, Rick. *목적이 이끄는 삶 (The Purpose Driven Life)*. 고성삼 역. 서울: 디모데, 2005.

Watson, David. *제자도 (Discipleship)*. 문동학 역. 서울: 두란노, 2006.

Wiersbe, David W. *역동적 목회 (The Dynamics of Pastoral Care)*. 고영민, 김기원 역. 서울: 엘맨, 2001.

Witmer, Timothy Z. *목자 리더십 (The Shepherd Leader)*. 임경철 역. 서울: P&R, 2014.

Wood, Gene. *교회를 혁신하는 리더십 (Leading Churches Turnaround)*. 박원영, 김진기 역. 서울: 한국강해설교학교 출판부, 2005.

국내서적

강정애, 태정원, 양혜현, 김현아, 조은영. *리더십론*. 서울: 시그마프레스, 2010.

김광건 (편). *하나님 나라와 리더십*. 서울: 웨스트민스터출판부, 2006.

김광웅. *미래사회 리더의 조건 창조! 리더십*. 서울: 생각의나무,

2009.

김경수. 리더십 분석수준 관점. 광주: 전남대학교출판문화원, 2019.

김기제. 21세기 리더십을 계발하라. 서울: 도서출판 횃불, 1998.

김병삼 외. 이제 우리는 올라인으로 간다: 올라인교회. 서울: 두란노, 2021.

김성환. 진정한 나다움의 발견 MBTI. 서울: 좋은땅, 2022.

김성곤 (편). D12 비전으로 변화된 건강한 교회 이야기 시리즈 1: D12 비전. 서울: 두날개, 2007.

김영한, 창조 리더십 2.0.. 서울: 위즈덤하우스, 2007.

김정택, 심혜숙. 16가지 성격유형의 특성. 제3판. 서울: 에세스타, 2022.

명성훈. 교회개척의 원리와 전략. 서울: 국민일보사, 1997.

_____. 창조적 리더십. 서울: 서울서적, 1991.

박철용. MBTI의 의미. 개정4판. 서울: 하움출판사, 2021.

최병순. 군리더십, 이론과 사례를 중심으로. 성남: 북코리아, 2011.

최염순. 카네기 인간경영리더십. 서울: 씨앗을 뿌리는 사람, 2005.

최익용. 대한민국 리더 99%를 위한 이심전심 리더십. 서울: 스마트비즈니스, 2006.

황의영. 교회의 직임과 리더십. 서울: 생명의말씀사, 1993.

논문

기종서. "교회경영을 위한 변혁적 리더십 연구." 호서대학교, 신학박사논문, 2012.

김병대. "현대 성령의 은사론 논쟁에 관한 연구." 웨스트민스터신학대학원대학교, 신학박사논문, 2019.

김영. "MBTI에 따른 영성훈련 연구." 호남신학대학교, 신학석사논문, 2003.

김재환. "목회자 리더십 유형별 분석을 통한 지역교회 리더십 활성화 방안." 총신대학교, 신학박사학위 논문, 2013.

김호. "목회자 리더십이 교회성장에 미치는 영향 연구." 창원대학교, 행정학박사학위 논문, 2015.

문민성. "목회자의 효과적인 리더십이 교회성장에 미치는 영향에 관한 연구." 한신대학교, 신학박사학위 논문, 2009.

박원길. "선교적 교회를 위한 목회 리더십 연구." 호서대학교, 박사학위 논문, 2014.

정한구. "현대교회 성장을 위한 성령의 은사활용에 관한 연구." 호서대학교, 신학박사논문, 2012.

조병재. "교회성장을 위한 목회자 리더십 연구 -성서적 관점에서 본 변혁적 리더십이론을 중심으로-." 서울신학대학교, 박사학위 논문, 2010.

박근수. "개척교회 상황에서 목회자 리더십이 교회성장에 미치는 영향." 장로회신학대학교, 신학석사학위 논문, 2007.

박순영. "한국 교회의 목회위기와 목회 패러다임의 전환 - 작지만 강한 교회를 지향하며 -." 장로회신학대학교, 신학박사논문, 2017.

송민우. "교회 개척의 성경적 원리와 실제." 성결대학교, 신학석사학위 논문, 2010.

신광식. "'가나안' 교인 현상 극복을 위한 소그룹 멘토링." 웨스트민스터신학대학원대학교, 신학박사학위 논문, 2021.

오창환. "리더십유형이 조직 몰입 및 직무만족에 미치는 영향에 관한 연구." 호서대학교, 박사학위 논문, 2007.

이성광. "무로부터(Ex Nihilo) 원리를 적용한 교회개척 준비 방안 연구." 백석대학교, 신학박사학위 논문, 2012.

이성욱. "조나단 에드워즈의 회심목회." 칼빈신학대학교, 신학석사논문, 2012.

이채준. "분립 개척을 통한 교회개척 방안." 침례신학대학교, 신학석사논문, 2010.

이해성. "개척교회의 성장전략과 그 원리에 관한 연구." 안양대학교, 신학석사학위 논문, 2009.

장현재. "리더의 성격과 리더십 유형간의 관계: - MBTI유형을 중심으로." 광운대학교, 산업심리학석사학위 논문, 2003.

최상영. "개척교회 목회자의 삶의 의미에 관한 내러티브 탐구." 평택대학교 피어선신학전문대학원대학교, 신학박사논문, 2015.

한명진. "서번트리더십 모형을 통해본 세종과 링컨의 리더십 비교분석." 대전대학교, 박사학위논문, 2018.

홍두윤. "카리스마리더십이 영성에 따른 교회성장에 미치는 영향 연구." 서울벤처대학원대학교, 신학박사논문, 2015.

홍성길. "목회자의 상황적 리더십과 교인의 충성도와 상관관계에 관한 연구." 백석대학교, 박사학위 논문, 2010.

국내학술지

김충렬. "MBTI와 목회: 이해와 소통의 목회적 도구로." 월간 목회. 2023년. 4월호.

배상진, 차승만. "변혁적·거래적 리더십에 관한 연구." 진리논단 제14호. 백석대학교, 2006.

양창삼. "'그리스도의 파동'을 일으키는 목회리더십." 목회와 신학. 2004. 칠월호.

인터넷

"포스트 코로나시대에 교회는 어떻게 일어설 것인가." 뉴스파워. 2022년 12월 9일자. 2023년 2월 인용. Online: 포스트 코로나시대에 교회는 어떻게 일어설 것인가:한국 교회의 나침반 뉴스파워 (newspower.co.kr).

미주

1 Melvin L. Hodges, 교회 개척의 가이드 (*A Guide to Church Planting*), 권달천 역, (서울: 생명의말씀사, 1985), 7-10.

2 Elmer Towns and Douglas Porter, 사도행전식 교회개척 (*Church that multiply*), (서울: 생명의말씀사, 2005), 16.

3 Hodges, 15-16.

4 Rick Warren, 목적이 이끄는 삶 (*The Purpose Driven Life*), 고성삼 역, (서울: 디모데, 2005), 42,

5 Towns and Porter, 16.

6 이성광, "무로부터(Ex Nihilo) 원리를 적용한 교회개척 준비 방안 연구," (백석대학교, 신학박사학위 논문, 2012), 214.

7 Aubrey Malphurs, *Planting Growing Churches for The 21st Century* (Grand Rapids, Michigan: Baker Books, 2004), 19.

8 이성광, 129-130.

9 최상영, "개척교회 목회자의 삶의 의미에 관한 내러티브 탐구," (평택대학교, 신학박사논문, 2015), 37-43.

10 Ibid., 93-97.

11 최상영, 106.

12 Riss (Research Information Sharing Service)는 전국 대학이 생산하고 보유하며 구독하는 학술자원을 공동으로 이용할 수 있도록 개방된 대국민 서비스로, 학위논문, 음성논문, 국내학술논문, 해외학술논문, 학술지, 그리고 단행본 등을 제공하고 있다.

13 상술한 Riss 사이트에 접속하여 '목회자 리더십', '개척교회 목회자 리더십', '개척교회 목회자 성격유형' 이란 검색키워드를 입력하면, 검색결과 몇 건의 학위논문이나 학술지 또는 단행본이 있는지를 알려준다. Riss 사이트 주소는 다음과 같다. http://www.riss.kr/

14 이해성, "*개척교회의 성장전략과 그 원리에 관한 연구*," (안양대학교, 신학석사학위 논문, 2009), 7-9.

15 송민우, "*교회 개척의 성경적 원리와 실제*," (성결대학교, 신학석사학위 논문, 2010), 30.

16 박근수, "*개척교회 상황에서 목회자 리더십이 교회성장에 미치는 영향*," (장로회신학대학교, 신학석사학위 논문, 2007), 87,88.

17 김재환, "*목회자 리더십 유형별 분석을 통한 지역교회 리더십 활성화 방안*," (총신대학교, 신학박사학위 논문, 2013), 110.

18 김호, "*목회자 리더십이 교회성장에 미치는 영향 연구*," (창원대학교, 행정학박사학위 논문, 2015), 3.

19 장현재, "*리더의 성격과 리더십 유형간의 관계: - MBTI유형을 중심으로*," (광운대학교, 산업심리학석사학위 논문, 2003), 9.

20 이용수, "목회자의 설교문에 나타난 성격유형에 관한 연구 - MBTI 성격유형을 중심으로 -," (숭실대학교, 목회상담학 석사학위 논문, 2008), 19-22.

21 김영, "MBTI에 따른 영성훈련 연구," (호남신학대학교, 기독교상담학 석사학위논문, 2003), 3.

22 Aubrey Malphurs, 교회 부흥 전략 (Advanced Strategic Planning), 성종국 역, (서울: 대장간, 2017), 12. 맬퍼스에 따르면 모든 교회는 성장주기가 있다. 이러한 교회의 성장주기에 의하면, 개척교회형교회란 새로 시작된 교회로서, 출생하여 성장단계로 나아가는 과정에 있는 교회를 가리키며, 안정성장형교회란 개척교회 상황을 벗어나 성장단계에서 성숙단계로 나아가는 과정에 있는 교회를 가리킨다. '안정성장형교회' 와 '개척교회형교회' 란 용어는 본서자가 맬퍼스의 교회성장주기를 참고하여 임의로 정한 것이다.

23 Mark Driscoll and Gerry Breshears, 빈티지 교회 (Vintage Church), 이용중 역, (서울: 부흥과개혁사, 2011), 332.

24 John C. Maxwell, 당신 안에 잠재된 리더십을 키우라 (Developing the Leader Within You), 강준민 역. (서울: 두란노, 2000), 9.

25 Timothy Keller, 센터 처치 (Center Church: Doing Balanced, Gospel-Centered Ministry in Your City), 오종향 역, (서울: 두란노, 2016), 548.

26 Ibid.

27 Keller, 548.

28 Malphurs, *교회 부흥 전략*, 14.

29 김성환, *진정한 나다움의 발견 MBTI*, (서울: 좋은땅, 2022), 22.

30 MBTI 성격유형검사에는 두 가지 형태가 있는데, 93개 문항을 가진 Form M과 144개 문항을 가진 Form Q가 있다. Form M은 기본형 검사로서 개인 성격유형만 보여주고, Form Q는 고급형 검사로서 개인 성격유형과 각 지표에 대한 다면척도별 특징까지 확인할 수 있다.

31 John C. Maxwell, *존 맥스웰 리더십 불변의 법칙 (The 21 Irrefutable Laws of Leadership)*, 홍성화 역, (서울: 비즈니스북스, 2014), 41.

32 J. Robert Clinton, *Leadership Perspective-How to Study the Bible for Leadership Insights* (Altadenan, CA: Barnabas Publisher, 2006), 21-23.

33 Warren Bennis and Burt Nanus, *리더와 리더십 (Leaders)*, 김원석 역, (서울: 황금부엉이, 2013), 46.

34 황의영, *교회의 직임과 리더십*, (서울: 생명의말씀사, 1993), 315.

35 문민성, "목회자의 효과적인 리더십이 교회성장에 미치는 영향에 관한 연구," (한신대학교 신학전문대학원, 신학박사학위 논문, 2009), 10.

36 Maxwell, 49.

37 김재환, 11.

38 Blain Lee, *지도력의 원칙 (The Power Principle)*, 장성민 역, (서

울: 김영사, 1999), 349-350. 재인용.

39 Henry Blackaby, 영적 리더십 (Spiritual Leadership), 윤종석 역, (서울: 두란노, 2017), 31. 재인용.

40 Blackaby, 35-38.

41 양창삼, " '그리스도의 파동' 을 일으키는 목회리더십," 목회와 신학, (2004, 칠월호), 54.

42 Ibid., 55-59.

43 Edgar F. Puryear, Jr., 영혼을 지휘하는 리더십 (Nineteen Stars: A Study in Military Character and Leadership), 이민수, 최정민 역, (서울: 책세상, 2005), 486.

44 James C. Hunter, 서번트 리더십 (The Servant Leadership), 김광수 역, (서울: 시대의창, 2005), 47.

45 Paul Hersey, 상황을 이끄는 리더가 성공한다 (The Situational Leader), 이영운 역, (서울: 도서출판횃불, 2000), 79-81.

46 황의영, 327.

47 Ibid., 327-333.

48 Maxwell, 197-199.

49 Aubrey Malphurs, 역동적 교회 리더십 (The Dynamics of Church Leadership), 고영민, 김기원 역, (서울: 엘맨, 2001), 109.

50 Ronald Richardson, 교회는 관계 시스템이다 (Creating a Healthier Church), 유재성 역, (서울: 국제제자훈련원, 2009), 309.

51 김재환, 15.

52 Dennis N. T. Perkins, *섀클턴의 서바이벌 리더십 (Leading At The Edge: Leadership Lesson From The Extraordinary Saga of Shackleton's Antarctic Expedition)*, 최종옥 역, (서울: 뜨인돌, 2004), 5-6.

53 Ibid., 9.

54 Michael Maccoby, *우리는 왜 리더를 따를까 (The Leaders We Need)*, 권오열 역, (서울: 비전리더십, 2010), 22-23.

55 "포스트 코로나시대에 교회는 어떻게 일어설 것인가," 뉴스파워, 2022년 12월 9일자. 2023년 2월 인용. Online: 포스트 코로나시대에 교회는 어떻게 일어설 것인가: 한국 교회의 나침반 뉴스파워 (newspower.co.kr).

56 김병삼 외, *이제 우리는 올라인으로 간다: 올라인교회*, (서울: 두란노, 2021), 27.

57 Ibid., 26.

58 초고도 지대(high altitude area)란 에베레스트와 K2의 7,500미터 이상의 높은 지역을 일컫는 말이다. 극변하는 날씨와 눈보라 때문에 한치 앞도 볼 수 없는 시계(視界)가 펼쳐지는 지역을 가리킨다.

59 Chris Warner and Don Schmincke, *어떤 상황에서도 두려움 없는 극한의 리더십 (High Altitude Leadership)*, 권오열 역, (서울: 비전과리더십, 2011), 16.

60 Andrew Murray, *영적 능력의 비밀 (The Secret of Spiritual Power)*, 유재덕 역, 개정증보판, (서울: 브니엘, 2012), 90.

61 John Oswald Sanders, 영적 지도력 (Spiritual Leadership), 이동원 역, (서울: 요단출판사, 1997), 82.

62 홍성길, "목회자의 상황적 리더십과 교인의 충성도와 상관관계에 관한 연구," (백석대학교, 박사학위 논문, 2010), 28.

63 Ibid., 28.

64 Hersey, 49.

65 김재환, 18.

66 강정애, 태정원, 양혜현, 김현아, 조은영, 리더십론, (서울: 시그마프레스, 2010), 146.

67 박원길, "선교적 교회를 위한 목회 리더십 연구," (호서대학교, 박사학위 논문, 2014), 85.

68 조병재, "교회성장을 위한 목회자 리더십 연구 - 성서적 관점에서 본 변혁적 리더십이론을 중심으로-," (서울신학대학교, 박사학위 논문, 2010), 92.

69 강정애 등, 147.

70 배상진, 차승만, "변혁적·거래적 리더십에 관한 연구," 진리논단 제14호, (백석대학교, 2006), 220.

71 Bernard M. Bass, Leadership and Performance Beyond Expectation (New York: Free Press, 1985), 5.

72 김경수, 리더십 분석수준 관점, (광주: 전남대학교출판문화원, 2019), 309.

73 오창환, "리더십유형이 조직 몰입 및 직무만족에 미치는 영향에

관한 연구," (호서대학교, 박사학위 논문, 2007), 42.

74 김재환, 17.

75 김영한, *창조 리더십 2.0.*, (서울: 위즈덤하우스, 2007), 185.

76 Ibid., 186-187.

77 조병재, 104-105.

78 최병순, *군리더십, 이론과 사례를 중심으로*, (성남: 북코리아, 2011), 263.

79 최병순, 264.

80 배상진 등, 214.

81 Ibid.

82 강정애 등, 168.

83 Blackaby, 32-33.

84 이성욱, "조나단 에드워즈의 회심목회," (칼빈신학대학교, 신학석사논문, 2012), 75.

85 Ibid., 1.

86 Charles Bridges, *참된 목회 (Spiritual Leadership)*, 윤종석 역, (서울: 두란노, 2017), 32.

87 Campegius Vitringa, "*Pref. animadv. ad method*," Homil, 62. Charles Bridges, 참된 목회에서 재인용.

88 Henry Blackaby, Henry Brandt, and Kerry L. Skinner, *지명 (The Power of the Call)*, 임태호 역, (서울: 디모데, 1999), 43.

89 Ibid.

90 명성훈, 교회개척의 원리와 전략, (서울: 국민일보사, 1997), 41.

91 Ibid.

92 최상영, 19.

93 Ibid., 114.

94 Darrin Patrick, 교회 개척자 (Church Planter), 이지혜 역, (서울: 복있는사람, 2011), 35-145.

95 Ibid., 39.

96 Patrick, 47.

97 Ibid., 63-145.

98 Ben Campbell Johnson, 목숨 걸 사명을 발견하라 (Hearing God's Call), 이용복 역, (서울: 규장, 2002), 12.

99 이채준, "분립 개척을 통한 교회개척 방안," (침례신학대학교, 신학석사논문, 2010), 26-44.

100 명성훈, 69.

101 Malphurs, Planting Growing Churches for the 21st Century, 85-86.

102 Wayne Grudem, Systematic Theology (Grand Rapids, Michigan: Zondervan, 2000), 1031. 사도들과 선지자들은 교회의 터를 놓는 사역을 했으며, 사도들이 죽고 또 성경이 완성된 오늘날 더 이상 초대교회 사도와 같은 사도권을 가진 사람은 없다.

103 김병대, "현대 성령의 은사론 논쟁에 관한 연구," (웨스트민스터신학대학원대학교, 신학박사논문, 2019), 117.

104 정한구, "현대교회 성장을 위한 성령의 은사활용에 관한 연구," (호서대학교, 신학박사논문, 2012), 46.

105 김병대, 133.

106 William Kelly, 그리스도와의 연합을 통한 성령의 역사 (The New Testament Doctrine of the Holy Spirit), 이종수 역, (서울: 형제들의집, 2013), 325.

107 정한구, 89-90.

108 박원길, 63.

109 Ibid., 72.

110 Paul David Tripp, 목회, 위험한 소명 (Dangerous Calling), 조계광 역, (서울: 생명의말씀사, 2013), 166.

111 김재환, 104.

112 Blackaby, 영적 리더십, 115.

113 Aubrey Malphurs, 리더가 된다는 것은, 성경이 말하는 8가지 리더의 본질 (Being Leaders), 안정임 역, (서울: 국제제자훈련원, 2008), 142-150.

114 Ibid., 151. 지휘자형이나 사교가형은 개척교회형교회에 적합한 리더 유형이며, 외교가형이나 분석가형은 안정성장형 교회에 적합한 리더로 볼 수 있다. 자신이 선두에 서서 지휘하는 걸 선호하는지, 아니면 따라 가면서 돕는 역할을 선호하는지에 따라서, 자신의 목회환경을 선택하는 지혜가 필요하다.

115 John P. Kotter, 변화의 리더십 (What Leaders Really Do), 신태

균 역, (서울: 21세기북스, 2005), 90.

116 Kotter, 90.

117 Ruth A. Tucker, 하나님이 기뻐하시는 작은 교회 (Left Behind in a Megachurch World), 최요한 역, (서울: 스텝스톤, 2008), 19.

118 박순영, "한국 교회의 목회위기와 목회 패러다임의 전환 - 작지만 강한 교회를 지향하며 -," (장로회신학대학교, 신학박사논문, 2017), 65.

119 Eddie Gibbs, 넥스트 처치 (Next Church), 임신희 역, 개정판, (서울: 교회성장연구소, 2010), 83-84.

120 이러한 정의는 다른 책이나 연구서적에서 발견할 수 없었기에 맬퍼스의 교회성장주기를 참고하여 본서의 저자가 새로이 정의한 것이다. 각주 22번을 보라.

121 김성곤 (편). D12 비전으로 변화된 건강한 교회 이야기 시리즈 1: D12 비전, 서울: 두날개, 2007, 12.

122 Timothy Z. Witmer, 목자 리더십 (The Shepherd Leader), 임경철 역, (서울: P&R, 2014), 13.

123 여기에 사용된 성경은 존 넬슨 다비의 새번역 성경 (The Holy Scriptures: A New Translation from the Original Language by J. N. Darby 1871)이며, 이 성경은 KJV와는 달리 '치다 (shepherd)' 라는 원어의 의미를 잘 살려내어 번역했다.

124 Glenn Daman, 중소형교회 성공 리더십 (Shepherding the Small Church: A Leadership Guide for the majority of Today's Churches), 김

기현, 민경식 역, (서울: 대한기독교서회, 2006), 27.

125 Pall Cedar, 섬기는 지도자 (Strength In Servant Leadership), 김성웅 역, (서울: 선교횃불, 2002), 57-58.

126 Ibid., 64.

127 김기제, 21세기 리더십을 계발하라, (서울: 도서출판 횃불, 1998), 256-257.

128 Hunter, 47.

129 한명진, "서번트리더십 모형을 통해본 세종과 링컨의 리더십 비교분석," (박사학위논문, 대전대학교, 2018), 16.

130 Ibid.

131 Gene Wood, 교회를 혁신하는 리더십 (Leading Churches Turnaround), 박원영, 김진기 역, (서울: 한국강해설교학교 출판부, 2005), 262.

132 David Hansen, 참된 사랑 목회의 능력 (The Power of Loving Your Church), 윤귀남 역, (서울: 요단출판사, 2002), 202.

133 Marc Dupont, 권위 있는 섬기는 종 (Walking Out of Spiritual Abuse), 최동수 역, (서울: 죠이선교회출판부, 2002), 64-65.

134 Ted Engstrom and Paul Cedar, 긍휼의 리더십 (Compassionate Leadership), 이득선 역, (서울: 쉐키나 출판사, 2008), 165.

135 David W. Wiersbe, 역동적 목회 (The Dynamics of Pastoral Care), 고영민, 김기원 역, (서울: 엘맨, 2001), 98.

136 즉 사랑 리더십은 오래 참고 사랑 리더십은 온유하며 시기하지

아니하며 사랑 리더십은 자랑하지 아니하며 교만하지 아니하며 무례히 행하지 아니하며 자기의 유익을 구하지 아니하며 성내지 아니하며 악한 것을 생각하지 아니하며 불의를 기뻐하지 아니하며 진리와 함께 기뻐하고 모든 것을 참으며 모든 것을 믿으며 모든 것을 바라며 모든 것을 견디는 리더십이다(고전 13:4-7).

137 W. Graham Scroggie, 사랑의 삶 (The Love Life: A Study of 1 Corinthians 13), 정병은 역, (고양: 전도출판사, 2003), 87.

138 Leighton Ford, 변화를 일으키는 리더십 (Transforming Leadership), 김기찬 역, (서울: 생명의말씀사, 1994), 166.

139 여기서 개척교회형교회의 정의는 본서의 저자가 맬퍼스의 교회성장주기를 참고하여 임의로 정한 것이다. 개척교회에 대한 정의는 설립 연수나 교회 참여자들의 숫자를 가지고 객관화 시킬 수 없는 부분이 많이 있기 때문에, 교회개척에 의한 교회의 출생부터 성장과정 중에 있는 모든 교회를 가리키는 것으로 보는 것이 좋다. 각주 22번을 보라.

140 김광웅, 미래사회 리더의 조건 창조! 리더십, (서울: 생각의나무, 2009), 23-25.

141 김영한, 149.

142 Ibid.

143 Benjamin Carson, 위험을 감수하라 (Take the Risk), 정미나 역, (서울: 해피니언, 2008), 196.

144 Ibid., 169.

145 시나리오란 연극에서 사용되는 용어로 영화나 연극의 대본을 뜻한다. 시나리오 플래닝이란 미래에 있을 법한 여러 가지 상황들을 상정해보고, 그에 맞는 대비책을 가능한 미리 예상해보는 것이다.

146 Peter Schwartz, 미래를 읽는 기술 (The Art of the Long View), 박슬라 역, (서울: 비즈니스북스, 2005), 43.

147 Bob Briner, 예수님처럼 경영하라 (The Management Methods of Jesus: Ancient Wisdom for Modern Business), 최종훈 역, (서울: 청림출판, 2006), 149-150.

148 김광웅, 292-293.

149 Warren Blank, 어디에서나 누구에게나 모두 통하는 리더의 스킬 통하는 리더 (108 Skills of Natural Born Leaders), 김혜경 역, (서울: 비전코리아, 2009), 139.

150 최염순, 카네기 인간경영리더십, (서울: 씨앗을 뿌리는 사람, 2005), 27.

151 Warren Bennis, Gretchen M. Spreitzer, and Thomas G. Cummings, 퓨처 리더십 (The Future of Leadership: Today's Top Leadership Thinkers Speak to Tomorrow's Leaders), 최종옥 역, (서울: 생각의나무, 2002), 183-184.

152 Ibid.

153 김경수, 300.

154 Ibid., 304.

155 Deiric McCann, ed., 리더십 카리스마 (Leadership Charisma),

이용광, 노주선 역, (서울: 시그마북스, 2012), 54-58.

156 Ibid., 187.

157 Michael Z. Hackman and Craig Johnson, 소통의 리더십 (Leadership: A Communication Perspective), 김영임, 최재민 편역, (서울: 에피스테메, 2010), 85.

158 최염순, 296.

159 Larry J. Michael, 스펄전의 리더십 (Spurgeon On Leadership), 조계광 역, (서울: 생명의말씀사, 2005), 256.

160 홍두윤, "카리스마리더십이 영성에 따른 교회성장에 미치는 영향연구," (서울벤처대학원대학교, 신학박사논문, 2015), 140-142.

161 Ronald A. Heifetz and Marty Linsky, 실행의 리더십 (Leadership on the Line: How to Stay Alive Through the Dangers of Leading), 임창희 역, (서울: 위즈덤하우스, 2006), 323.

162 Michael W. Foss and Terri Martinson Elton, 팀 리더십의 핵심 (What Really Matters), 김지홍 역, (서울: 국제제자훈련원, 2006), 220-221.

163 Ibid., 221.

164 최익용, 대한민국 리더 99%를 위한 이심전심 리더십, (서울: 스마트비즈니스, 2006), 248.

165 Ibid., 252.

166 Hackman and Johnson, 75.

167 Ibid., 77-82.

168 기종서, "교회경영을 위한 변혁적 리더십 연구," (호서대학교, 신학박사논문, 2012), 165.

169 Ibid., 170.

170 Malphurs, 역동적 교회 리더십, 45.

171 명성훈, 창조적 리더십, (서울: 서울서적, 1991), 253-255.

172 Blank, 180.

173 David Watson, 제자도 (Discipleship), 문동학 역, (서울: 두란노, 2006), 18.

174 Watson, 19.

175 Steven J. Stowell, Choi Chieyoung, and Matt M. Starcevich, 성공을 창조하는 사람들의 코칭 스킬 윈윈 파트너십 (Win Win Partnership), (서울: 21세기북스, 2005), 12.

176 Stowell et al., 72-73.

177 Jim Clifton and Jim Harter, 강점으로 이끌어라 (It's the Manager), 고현숙 역, (파주: 김영사, 2020), 9.

178 Ibid., 88.

179 김광건 (편), 하나님 나라와 리더십, (서울: 웨스트민스터출판부, 2006), 96-101.

180 Ken Blandchard and Garry Ridge, 리더의 조건 (Helping People Win at Work), 유영희 역, (서울: 21세기북스, 2010), 8.

181 Blandchard and Ridge, 30.

182 Ibid., 31.

183 Carl F. George and Robert E. Logan, 리더쉽과 교회성장 (Leading & Managing Your church), 송용조 역, (서울: 서울성경학교 출판부, 1990), 124.

184 David L. Dotlich and Peter C. Cairo, 당신을 성공으로 이끄는 1% 리더십 (Why CEOs Fail), 서영조, 정지연 역, (서울: 아인앤컴퍼니, 2004), 109.

185 Ronald A. Heifetz, 하버드 케네디스쿨의 리더십 수업 (Leadership without Easy Answers), 김충선, 이동욱 역, (서울: 더난출판, 2008), 398.

186 Heifetz, 398-403.

187 최상영, 20.

188 Ibid., 93.

189 Michael, 257.

190 Ibid., 258.

191 Thom Rainer, 좋은 교회에서 위대한 교회로 (Breakout Churches), 최예자 역, (서울: 묵상하는 사람들, 2022), 17.

192 Rainer, 36-38.

193 Clark Logan, 행동하는 기독교 (Christianity in Action: First Century Principles for Today), 이우진 역, (고양: 전도출판사, 2016), 33.

194 J. Robert Clinton, 효과적인 리더십 계발 이렇게 하라! (Leadership Training Models), 임경철 역, (서울: 하늘기획, 2009), 36.

195 Ibid., 37.

196 김정택, 심혜숙, *16가지 성격유형의 특성*, 제3판, (서울: 에세스타, 2022), 10.

197 Roger Pearman, *성격유형과 리더십 (Enhancing Leadership Effectiveness through Psychological Type)*, 김명준, 백연정 역, (서울: 에세스타, 2006), 6.

198 박철용, *MBTI의 의미*, 개정4판, (서울: 하움출판사, 2021), 22.

199 Carl G. Jung, *심리유형 (Psychological Types)*, 정명진 역, (서울: 부글, 2022), 12-13.

200 Ibid., 400.

201 김성환, 22.

202 Ibid., 20.

203 Ibid., 25.

204 Ibid.

205 Ibid., 24-25.

206 Ibid., 27.

207 Ibid., 27-28.

208 Ibid., 28-29.

209 Ibid., 31.

210 장현재, 20.

211 다음 사이트에 가면 인터넷에서 무료로 MBTI 검사를 할 수 있으며, 결과를 즉시 알려준다. https://www.16personalities.com/ko

212 박철용, 23.

213 김성환, 14-16.

214 Sharon Lebovitz Richmond, *성격유형과 CEO 리더십 개발 (Introduction to Type and Leadership)*, 김명준, 윤은희 역, (서울: 에세스타, 2008), 15.

215 MBTI 16가지 성격유형별 특징은 Sharon Lebovitz Richmond의 저서인 성격유형과 CEO 리더십 개발(Introduction to Type and Leadership)이란 책의 15쪽에 있는 내용을 ㈜ 어세스타의 허락을 받아서 그대로 옮겼으며, 부록 1에 실었다.

216 김충렬, "*MBTI와 목회: 이해와 소통의 목회적 도구로,*" 월간 목회, (2023년, 4월호), 62-63.

217 Roy M. Oswald and Kroeger Otto, *MBTI로 보는 다양한 리더십 (Personality Type and Religious Leadership)*, 최광수, 이성옥 역, (서울: 죠이선교회출판부, 2005), 64.

218 김영, "*MBTI에 따른 영성훈련 연구,*" (호남신학대학교, 신학석사논문, 2003), 15.

219 Ibid., 16.

220 Oswald and Otto, 65.

221 김영, 16.

222 Oswald and Otto, 72.

223 Ibid., 73-74.

224 김영, 18.

225 Ibid.

226 Oswald and Otto, 74.

227 Ibid., 75.

228 Ibid., 80.

229 Ibid., 81.

230 김영, 20.

231 Oswald and Otto, 110.

232 Ibid.

233 Ibid.

234 Ibid.

235 Ibid.

236 Ibid.

237 Ibid., 111.

238 Ibid., 137.

239 Ibid., 138-147.

240 Ibid., 111.

241 Ibid., 115.

242 Ibid., 116.

243 Ibid., 53, 113.

244 Ibid., 123-132.

245 Ibid., 148-159.

246 Ibid., 112.

247 Ibid., 242.

248 김영, 20.

249 Oswald and Otto, 97.

250 김정택, 심혜숙, 18.

251 김영, 20.

252 김정택, 심혜숙, 20.

253 김영, 22.

254 Oswald and Otto, 104.

255 김정택, 심혜숙, 22.

256 김영, 23.

257 Oswald and Otto, 96.

258 김정택, 심혜숙, 24.

259 김영, 23.

260 김정택, 심혜숙, 25.

261 김영, 24.

262 김정택, 심혜숙, 26.

263 Ibid., 27.

264 김정택, 심혜숙, 28.

265 Oswald and Otto, 104.

266 김영, 25.

267 Oswald and Otto, 104.

268 김정택, 심혜숙, 30.

269 Ibid., 32.

270 김영, 26.

271 김정택, 심혜숙, 34.

272 김영, 26.

273 Oswald and Otto, 96.

274 김정택, 심혜숙, 36.

275 김영, 26.

276 김정택, 심혜숙, 38.

277 Oswald and Otto, 103.

278 Ibid., 97.

279 김정택, 심혜숙, 40.

280 김영, 28.

281 김정택, 심혜숙, 41.

282 Ibid., 42.

283 김영, 29.

284 김정택, 심혜숙, 44.

285 김영, 29.

286 김정택, 심혜숙, 46.

287 김영, 30.

288 Ibid.

289 이해성, 50.

290 Clinton, 36. 클린턴은 크리스천 영역에서 가장 많이 활용되는

리더십 계발 방법을 3가지로 제시했다. 1) 공식유형(성경학교, 신학교 교육), 2) 무형식 유형(워크샵, 세미나 참석), 3) 비공식 유형(도제교육, 인턴쉽, 멘토링, 리더십 관련 도서 독서를 통한 개인 학습)이다. 어떤 유형의 방식을 따르던, 영적인 목회자는 자신의 상황과 형편에 맞는 방법을 선택하여, 리더십 성품과 리더십 기술, 그리고 리더십의 가치관을 계발할 필요가 있다.

부록1: MBTI 16가지 성격유형

(1) **ISTJ**: 조용하고, 진지하며, 추진력과 신뢰를 바탕으로 성공한다. 실용적이고 사실 중심적이다. 또한 현실적이고, 책임감이 강하다. 해야 할 일을 정할 때 논리적으로 결정하며, 목표로 세운 일을 꾸준하게 수행한다. 직장에서나 가정에서나, 자신의 삶에서 모든 것이 체계적이고 순서에 맞게 이루어질 때 기쁨을 느낀다. 전통과 성실을 가치 있게 여긴다.

(2) **ISFJ**: 조용하고, 친근하며, 책임감이 강하고, 이성적이다. 자신의 의무를 헌신적으로, 한결 같이 수행한다. 일을 할 때에는 늘 노력하는 자세로 꼼꼼하게 진행한다. 성실하며 사려 깊고, 소중하게 생각하는 사람들의 사소한 일들까지 잘 알아차리고 기억한다. 다른 사람들이 어떻게 느끼는지를 잘 살핀다. 직장에서나 가정에서 체계적이며, 동시에 조화를 이루고자 노력한다.

(3) **INFJ**: 이상과 대인관계, 물질적인 소유 사이를 연결시키고 의미를 찾고자 한다. 무엇이 사람들의 동기를 자극하는지 이해하려고 하며, 타인에 대해 통찰력을 갖고 싶어 한다. 공익을 위해 가장 좋은 것이

무엇인지에 대한 분명한 기준과 비전을 가지고 있으며, 그 비전을 실현하기 위해 결단력 있고 체계적으로 일한다.

(4) **INTJ**: 자신의 생각을 적용하고 목표를 성취하고자 하는 강한 욕망을 가지고 있으며, 독창적으로 사고한다. 외부 사건의 경향성을 단시간에 포착하여 장기간에 걸친 앞날을 내다보고 해석하기도 한다. 직무를 맡게 되면 체계적으로 이를 관리하고 헌신적으로 임한다. 때때로 회의적일 때가 있고 독립적으로 일하며, 자기 자신이나 타인의 능력과 수행에 대해 높은 기대 수준을 가지고 대한다.

(5) **ISTP**: 관용적이고, 유연하며, 문제가 생기면 조용히 지켜본 다음 적용 가능한 해결책을 재빠르게 찾아낸다. 어떻게 해야 일이 잘 진행될 수 있는지 분석해낼 수 있다. 문제의 핵심을 둘러싼 많은 양의 정보를 쉽게 찾아내어 처리한다. 상황의 인과관계에 관심이 많고, 논리적으로 사실관계를 조직화하여, 효율성에 가치를 둔다.

(6) **ISFP**: 조용하고, 호의적이며, 세심하고, 친절하다. 자기 주변에서 일어나는 일들과 지금 현재의 순간순간을 즐길 줄 안다. 자기 자신만의 공간을 필요로 하여 자신이 정한 시간 계획에 따라 일하는 것을 좋아한다. 성실하고, 자신이 가치 있게 여기는 일과 애착을 가지고 있는 사람들에게 헌신적이다. 반대 의견을 내거나 갈등 상황을 겪는 것을 좋아하지 않으며, 자신의 의견이나 가치관을 다른 사람에게 강요하지 않는다.

(7) **INFP**: 이상주의적이다. 자신이 가치 있게 여기는 일과 애착을 가

지고 있는 사람들에게 헌신적이다. 실제로 자신의 가치관과 일치하는 삶을 살려고 노력한다. 호기심이 많고, 가능성을 빨리 포착해낸다. 자신의 지식을 잘 활용할 수 있도록 사람들을 자극한다. 다른 사람들을 잘 이해하고, 사람들이 자신의 잠재력을 발휘할 수 있도록 돕는 것을 좋아한다. 자신의 가치관이 위협받을 만한 상황에서도 적응적이고, 유연하게 대처하며 자신이 처한 상황을 잘 수용한다.

(8) **INTP**: 자신이 관심을 갖는 모든 것을 논리적으로 설명하고 싶어 한다. 이론적이고 추상적이며, 사회적 관계보다는 지식에 더 관심이 많다. 조용하고 자신의 생각을 잘 드러내지 않으며, 유연하고, 적응적이다. 자신의 관심 분야에서 일어난 일은 깊이 집중하여 해결책을 잘 찾아낸다. 회의적이고 때로는 비판적이며, 언제나 분석적이다.

(9) **ESTP**: 유연하고, 관용적이다. 즉각적인 결과가 나올 수 있는 일에 집중하여 실용적인 접근을 한다. 이론이나 개념적 정의 같은 것들은 지루하게 느낀다. 문제를 해결할 때에도 활동적으로 대처하기 원한다. 지금 여기에서 일어난 일에 집중하고, 충동적이다. 사람들과 재미있게 지내는 순간순간을 즐긴다. 물질적인 편리함과 멋스러움을 즐긴다. 직접 해보는 것을 통해 가장 잘 배운다.

(10) **ESFP**: 활발하고 친근하며, 수용적이다. 자기 삶을 사랑하고, 사람들을 좋아하며, 물질적인 편리함을 추구한다. 사람들과 함께 새로운 일을 만들어서 해보는 것을 좋아한다. 직무를 수행할 때 상식적이고 현실적인 접근을 하고자 하며, 재미있게 일 하려고 한다. 유연하고 자

발적인 면도 있다. 새로운 사람이나 새로운 환경을 쉽게 받아들이고, 다른 사람들과 함께 새로운 것을 시도할 때 가장 잘 배운다.

(11) **ENFP**: 따뜻하고 열정적이며 재치가 넘친다. 인생이란 가능성으로 가득 차 있다고 생각한다. 사건과 정보 사이의 연관성을 빨리 파악하며, 자신이 파악한 관계를 바탕으로 자신감 있게 일을 진행시켜 나간다. 다른 사람들에게 충분히 인정받기 원하고, 자신도 다른 사람들을 존중하고 지지해준다. 유연하고 때때로 충동적이며, 종종 자신의 임기응변과 유창한 언변에 의존하기도 한다.

(12) **ENTP**: 빠르게 반응하고, 영리하며, 활발하다. 또한 민첩하여, 솔직하고 거침없이 말한다. 새롭고 도전적인 과제를 풀어갈 때 아이디어가 풍부하다. 관념적으로 가능해 보이는 것들을 잘 생각해내고, 이와 관련된 일들을 체계적으로 분석하기도 한다. 사람들에 대해 잘 파악한다. 반복적인 일을 싫어하고, 같은 일을 같은 방식으로 하는 경우가 거의 없다. 쉽게 하나의 관심사에서 다른 관심사로 흥미를 옮긴다.

(13) **ESTJ**: 실용적이고, 현실적이며, 사실적이다. 결단력이 있고, 결정한 일을 쉽게 실행한다. 프로젝트를 잘 조직화하고, 구성원들이 가장 효율적인 방법으로 결과를 산출할 수 있도록 이끈다. 업무방식의 세부 항목까지 관여한다. 분명하며 합리적인 기준을 세우고, 그 기준에 따라 체계적으로 업무를 처리하며 다른 사람들도 그렇게 하기를 바란다. 자신의 계획대로 일을 관철시킨다.

(14) **ESFJ**: 마음이 따뜻하고, 양심적이며, 협조적이다. 자신이 속한

환경에서나 일과 관련된 결정을 내려야 하는 상황에서도 모든 사람들이 조화를 이루고 화목하기를 바란다. 사람들과 함께 일하는 것을 좋아하며 업무를 정확하게 정시에 끝내려고 한다. 아무 사소한 일에도 성실하게 임한다. 다른 사람들이 일상에서 직면하는 필요를 민감하게 알아채며, 도와주려고 애쓴다. 사람들과 사람들이 베풀어 주는 호의에 대해 늘 감사하는 마음을 갖는다.

(15) **ENFJ**: 따뜻하고, 공감적이며, 다른 사람의 말에 잘 반응해주고, 책임감이 강하다. 다른 사람들의 감정과 욕구, 동기에 대해 파악하고 잘 맞추어 주려고 한다. 모든 사람들의 잠재 능력을 발견하여 발휘하도록 도와준다. 개인과 집단의 발전과 성장에 촉진자로서 활동한다. 성실하고, 칭찬과 비판 모두 잘 받아들인다. 사람들과 원만하게 지낼 뿐만 아니라, 조직에 속한 다른 사람들을 잘 도와준다. 사람들을 감화시키고 영감을 주는 리더십을 갖추었다.

(16) **ENTJ**: 솔직하며 결단력 있고, 쉽게 리더의 역할을 차지한다. 비합리적이고 비효율적인 작업 과정이나 정책을 빨리 파악하려고 하며, 조직의 문제를 해결하는 종합적인 체계를 만들고 적용한다. 장기적인 목표와 계획을 세우는 것을 좋아한다. 조직에서 사람들에게 잘 알려지고, 독서를 많이 하며, 자신의 지식을 확장시킬 뿐만 아니라 다른 사람에게 이것을 전달한다. 또한 자기 아이디어를 설득력 있게 발표한다.

부록2: 목회자 기본 정보 질문지

1. 귀하의 이름은 무엇입니까?
   _____

2. 귀하의 나이는 어떻게 됩니까?
   ○ 30대
   ○ 40대
   ○ 50대
   ○ 60대

3. 귀하는 자신의 은사가 무엇이라고 생각하십니까?(여러 개를 쓰셔도 좋습니다.) 가능한 성경에서 말하는 은사대로 답변해주시기 바랍니다. 롬 12:6-8, 앱 4:11, 벧전 4:11, 고전 12:6-30 참고
   _____

4. 귀하는 귀하가 현재 섬기는 교회를 개척하였습니까?
   ○ 예
   ○ 아니요

5. 개척했다면 개척한지 또는 아니면 목회를 시작하였다면 몇 년 정

도 되었습니까?

　○ 5년 미만

　○ 10년 미만

　○ 10년 이상

6. 교회 개척에 있어서 무엇이 가장 중요하다고 생각하십니까?

　○ 하나님의 부르심 또는 교회개척 소명을 받는 것

　○ 은사, 달란트, 리더십 등

　○ 기타: _____

7. 귀하가 섬기는 교회의 규모는 어느 정도입니까?

　○ 50명 미만

　○ 100명 미만

　○ 150명 미만

　○ 200명 미만

8. 귀하는 귀하가 섬기는 교회에서 역할이 무엇입니까?

　○ 담임 목회자(교회 리더십에서 주도적인 역할)

　○ 부 목회자(교회 리더십에서 협력 및 동역 역할)

9. 현재 목회하는 교회를 귀하가 개척하였다면 개척목회에 만족하십니까?

　○ 만족(개척하길 잘했다)

　○ 불만족(개척보다는 기존 교회에서 분담사역하는 것이 더 좋았을 것이다)

10. 9번 질문과 관련해서 만족한다면 어느 정도로 만족하십니까?

○ 매우 만족

○ 만족

○ 보통

○ 불만족

11. 개척하지 않았다면, 동역목회에 만족하십니까?

○ 만족(굳이 개척의 필요를 느끼지 않는다)

○ 불만족(기회되면 개척하고 싶다)

12. 11번 질문과 관련해서 현재 맡은 사역(또는 협력 목회)에 만족하십니까?

○ 매우 만족

○ 만족

○ 보통

○ 불만족

13. 만일 동역목회가 만족스럽지 않아 교회개척을 마음에 둔 적이 있다면, 가장 큰 이유가 무엇일까요?

○ 담임 목회자와의 동역과 협력의 어려움

○ 자신이 맡은 사역이 자신의 성격이나 기질과 맞지 않음

○ 하나님의 부르심을 느낌

○ 기타: _____

14. 만일 하나님으로부터 교회개척의 부르심이 있었다면 또는 앞으

로 있다면, 가장 주된 이유가 무엇 때문이라고 생각하십니까?
_____

15. 자신의 성격유형이 교회개척에 잘 맞지 않지만(엄청난 스트레스, 본인과 가족의 고통이 초래된다 해도), 하나님의 부르심을 느낀다면 순종하시겠습니까?

 ○ 매우 그렇다.
 ○ 그렇다.
 ○ 그렇지 않다.

형제들의 집 도서 안내

1. 조지 뮐러 영성의 비밀
   조지 뮐러 지음/이종수 옮김/값 1,000원
2. 수백만을 감동시킨 사람을 감동시킨 바로 그 사람: 헨리 무어하우스
   존 A. 비올리 지음/이종수 옮김/값 1,000원
3. 내 영혼의 만족의 노래
   W.T.P 월스톤지음/이종수 옮김/값 1,000원
4. 모든 일을 하나님의 영광을 위하여 하라
   해리 아이언사이드지음/이종수 옮김/값 1,000원
5. 잃어버린 영혼을 위해서 어떻게 기도해야 하는가
   오스왈드 샌더스, 찰스 스펄전 지음/이종수 옮김/값 1,000원
6. 윌리암 켈리의 칭의의 은혜(개정판)
   윌리암 켈리 지음/이종수 옮김/값 6,000원
7. 이것이 거듭남이다(개정판)
   알프레드 깁스 지음/이종수 옮김/값 9,000원
8. 존 넬슨 다비의 영성있는 복음
   존 넬슨 다비 지음/이종수 옮김/값 5,000원
9. 로버트 클리버 채프만의 사랑의 영성(개정판)
   로버트 C. 채프만 지음/이종수 옮김/값 7,000원
10. 영성을 깊게 하는 레위기 묵상
    C.H. 매킨토시 외 지음/이종수 옮김/값 5,000원
11. 존 넬슨 다비의 성경주석: 빌립보서
    존 넬슨 다비 지음/이종수 옮김/값 5,000원
12. 존 넬슨 다비의 히브리서 묵상(개정판)
    존 넬슨 다비 지음/정병은 옮김/값 11,000원
13. 조지 커팅의 영적 자유
    조지 커팅 지음/이종수 옮김/값 4,000원
14. 윌리암 켈리의 해방의 체험(개정판)
    윌리암 켈리 지음/이종수 옮김/값 4,500원
15. 존 넬슨 다비의 성경주석: 골로새서(개정판)
    존 넬슨 다비 지음/이종수 옮김/값 8,000원
16. 구원 얻는 기도
    이종수 지음/값 5,000원
17. 영혼의 성화
    프랭크 빈포드 호올 지음/이종수 옮김/값 1,000원
18. 당신은 진짜 거듭났는가?
    아더 핑크 지음/박선회 옮김/값 4,500원
19. C.H. 매킨토시의 완전한 구원(개정판)
    C.H. 매킨토시 지음/이종수 옮김/값 5,500원
20. 존 넬슨 다비의 하나님의 뜻을 분별하는 법
    존 넬슨 다비 지음/이종수 옮김/값 1,000원
21. 존 넬슨 다비의 성경주석: 요한계시록
    존 넬슨 다비 지음/이종수 옮김/값 10,000원

22. 주 안에 거하라
   해밀턴 스미스, 허드슨 테일러 지음/이종수 옮김/ 값 1,000원
23. C.H. 매킨토시의 하나님의 선물
   C.H. 매킨토시 지음/이종수 옮김/값 4,000원
24. 존 넬슨 다비의 성경주석: 에베소서
   존 넬슨 다비 지음/이종수 옮김/값 8,000원
25. 존 넬슨 다비의 영적 해방
   존 넬슨 다비 지음/문영권 옮김/값 7,000원
26. 건강하고 행복한 그리스도인이 되는 법
   어거스트 반 린, J. 드와이트 펜테코스트지음/ 값 1,000원
27. 존 넬슨 다비의 성경주석: 로마서
   존 넬슨 다비 지음/문영권 옮김/값 12,000원
28. 존 넬슨 다비의 성화의 길
   존 넬슨 다비 지음/이종수 옮김/값 4,500원
29. 기독교 신앙에 회의적인 사랑하는 나의 친구에게
   로버트 A. 래이드로 지음/박선희 옮김/값 5,000원
30. 체험을 위한 성령의 내주, 그리고 충만
   조지 커팅 지음/이종수 옮김/값 4,500원
31. 존 넬슨 다비의 성경주석: 갈라디아서
   존 넬슨 다비 지음/이종수 옮김/값 4,800원
32. 존 넬슨 다비의 성경주석: 요한서신서 · 유다서
   존 넬슨 다비 지음/문영권 옮김/값 8,000원
33. 존 넬슨 다비의 성경주석: 데살로니가전 · 후서
   존 넬슨 다비 지음/이종수 옮김/값 8,000원
34. 그리스도와의 연합과 구원(성경공부교재)
   문영권 지음/값 2,500원
35. 그리스도와의 연합과 성화(성경공부교재)
   문영권 지음/값 3,000원
36. 사도라 불린 영적 거장들
   이종수 지음/값 7,000원
37. 당신은 진짜 하나님을 신뢰하는가(개정판)
   조지 뮬러 지음/ 이종수 옮김/값 5,500원
38. 그리스도와 연합된 천상적 교회가 가진 영광스러운 교회의 소망
   존 넬슨 다비 지음/ 문영권 옮김/ 값 13,000원
39. 가나안 영적 전쟁과 하나님의 전신갑주
   존 넬슨 다비 지음/ 이종수 옮김/ 값 2,000원
40. 죄 사함, 칭의 그리고 성화의 진리
   고든 헨리 해이호우 지음/ 이종수 옮김/ 값 2,000원
41. 이것이 그리스도의 심판대이다
   이종수 엮음/ 값 8,000원
42. 존 넬슨 다비의 성경주석: 마태복음
   존 넬슨 다비 지음/이종수 옮김/값 16,000원

43. C.H. 매킨토시의 하나님에 관한 진실
  C.H. 매킨토시 지음/이종수 옮김/값 1,000원
44. 존 넬슨 다비의 성경주석: 여호수아
  존 넬슨 다비 지음/문영권 옮김/값 8,000원
45. 찰스 스탠리의 당신의 남편은 누구인가
  찰스 스탠리 지음/이종수 옮김/값 4,000원
46. 존 넬슨 다비의 성령론
  존 넬슨 다비 지음/이종수 옮김/값 13,000원
47. 존 넬슨 다비의 영적 해방의 실제
  존 넬슨 다비 지음/이종수 옮김/값 5,000원
48. 존 넬슨 다비의 주요사상연구: 다비와 친구되기
  문영권 지음/값 5,000원
49. 존 넬슨 다비의 죽음 이후 영혼의 상태
  존 넬슨 다비 지음/이종수 옮김/값 5,000원
50. 신학자 존 넬슨 다비 평전
  이종수 지음/ 값 7,000원
51. 존 넬슨 다비의 요한복음 묵상
  존 넬슨 다비 지음/이종수 옮김/값 8,000원
52. 프레드릭 W. 그랜트의 영적 해방이란 무엇인가
  프레드릭 W. 그랜트 지음/이종수 옮김/ 값 4,500원
53. 홍해와 요단강을 통해서 나타난 하나님의 구원
  윌리암 켈리 지음/ 이종수 옮김/ 값 4,800원
54. 그리스도와의 연합을 위한 성령의 역사
  윌리암 켈리 지음/ 이종수 옮김/ 값 19,000원
55. 누가, 그리스도인인가?
  시드니 롱 제이콥 지음/ 박영민 옮김/ 값 7,000원
56. 선교사가 결코 쓰지 않은 편지
  프레드릭 L. 코신 지음 / 이종수 옮김/ 값 9,000원
57. 사랑의 영성으로 성자의 삶을 살다간 로버트 채프만
  프랭크 홈즈 지음 / 이종수 옮김/ 값 8,500원
58. 므비보셋, 룻, 그리고 욥 이야기
  찰스 스탠리 지음 / 이종수 옮김/ 값 7,500원
59. 구원의 근본 진리
  에드워드 데넷 지음 / 이종수 옮김/ 값 6,500원
60. 회복된 진리, 6+1
  에드워드 데넷 지음 / 이종수 옮김/ 값 6,000원
61. 당신의 상상보다 더 큰 구원
  프랭크 빈포드 호올 지음 / 이종수 옮김/ 값 6,500원
62. 뿌리 깊은 영성의 그리스도인으로 사는 법
  찰스 앤드류 코우츠 지음 / 이종수 옮김/ 값 9,000원
63. 천국의 비밀 : 천국, 하나님 나라, 그리고 교회의 차이
  프레드릭 W. 그랜트 & 아달펠트 P. 세실 지음/이종수 옮김/ 값 7,000원

64. 존 넬슨 다비의 성경주석: 베드로전 · 후서
　　　　　　　　　　　　　　　존 넬슨 다비 지음/장세학 옮김/ 값 7,500원
65. 존 넬슨 다비의 영광스러운 구원
　　　　　　　　　　　　　　　존 넬슨 다비 지음/이종수 엮음/ 값 15,000원
66. 어린양의 신부
　　　　　　　　　W.T.P. 월스톤 & 해밀턴 스미스 지음/ 박선희 옮김/ 값 10,000원
67. 성경에서 말하는 회심
　　　　　　　　　　　　　　　C.H. 매킨토시 지음/ 이종수 옮김/ 값 9,000원
68. 십자가에서 천년통치에 이르는 그리스도의 길
　　　　　　　　　　　　　　　존 R. 칼드웰 지음/ 이종수 옮김/ 값 7,500원
69. 그리스도와의 연합이란 무엇인가?
　　　　　　　　　　　　　　　에드워드 데넷 지음/ 이종수 옮김/ 값 9,000원
70. 하늘의 부르심 vs. 교회의 부르심
　　　　　　　　　　　　　　　존 기포드 벨렛 지음/ 이종수 옮김/ 값 16,000원
71. 당신은 진짜 새로운 피조물인가
　　　　　　　　　　　　　　　존 넬슨 다비 외 지음/ 이종수 옮김/ 값 12,000원
72. 플리머스 형제단 이야기
　　　　　　　　　　　　　　　앤드류 밀러 지음/ 이종수 옮김/ 값 14,000원
73. 바울의 복음, 그리스도의 영광의 복음
　　　　　　　　　　　　　　　존 기포드 벨렛 지음/ 이종수 옮김/ 값 9,000원
74. 악과 고통, 그리고 시련의 문제
　　　　　　　　　　　　　　　　　　　　　　　이종수 지음/ 값 9,000원
75. 요한계시록 일곱 교회를 향한 예언 메시지
　　　　　　　　　　　　　　　존 넬슨 다비 지음/이종수 옮김/ 값 18,000원
76. 영광스러운 구원, 어떻게 받는가
　　　　　　　　　　　　　　　존 넬슨 다비 지음/이종수 엮음/ 값 13,000원
77. 영광스러운 교회의 길
　　　　　　　　　　　　　　　존 넬슨 다비 지음/이종수 엮음/ 값 22,000원
78. 존 넬슨 다비의 성경주석: 디모데전후서, 디도서, 빌레몬서
　　　　　　　　　　　　　　　존 넬슨 다비 지음/이종수 옮김/ 값 15,000원
79. 성경을 아는 지식
　　　　　　　　　　　　　　　존 넬슨 다비 지음/이종수 엮음/ 값 18,500원
80. 십자가의 도
　　　　　　　　　　　　　　　존 넬슨 다비 지음/이종수 엮음/ 값 13,500원
81. 존 넬슨 다비의 성경주석: 고린도전후서
　　　　　　　　　　　　　　　존 넬슨 다비 지음/이종수 옮김/값 18,500원
82. 존 넬슨 다비의 성경주석: 사도행전
　　　　　　　　　　　　　　　존 넬슨 다비 지음/이종수 옮김/ 값 17,000원
83. 그리스도와의 연합을 위한 사도 바울의 기도
　　　　　　　　　　　　　　　존 넬슨 다비 지음/이종수 엮음/값 10,000원
84. 빌라델비아 교회의 길
　　　　　　　　　　　　　　　해밀턴 스미스 지음/이종수 옮김/값 10,000원

85. 무명한 자 같으나 유명한 존 넬슨 다비 전기
윌리암 터너, 에드윈 크로스 지음/이종수 옮김/값 12,000원

86. 성경의 핵심용어 해설
데이빗 구딩, 존 레녹스 지음/허성훈 옮김/값 9,000원

87. 존 넬슨 다비의 성경주석: 히브리서, 야고보서
존 넬슨 다비 지음/이종수 옮김/값 17,500원

88. 존 넬슨 다비의 성경주석: 요한복음
존 넬슨 다비 지음/이종수 옮김/값 17,000원

89. 신부의 노래
해밀턴 스미스 지음/이종수 옮김/값 10,000원

90. 에클레시아의 비밀
해밀턴 스미스 지음/이종수 옮김/값 10,000원

91. 존 넬슨 다비의 성경주석: 누가복음
존 넬슨 다비 지음/이종수 옮김/값 13,500원

92. 예수 그리스도를 따라 맨 밑바닥까지 내려가는 아름다움
조지 위그램 지음/이종수 옮김/값 7,000원

93. 존 넬슨 다비의 성경주석: 마가복음
존 넬슨 다비 지음/이종수 옮김/값 8,000원

94. 죄 사함과 죄로부터의 완전한 자유
조지 커팅 지음/이종수 옮김/값 7,000원

95. 성령의 성화
윌리암 켈리 지음/이종수 옮김/값 6,500원

96. 하나님의 義란 무엇인가
윌리암 켈리 지음/이종수 옮김/값 9,000원

97. 길이요 진리요 생명이신 그리스도
윌리암 켈리 지음/이종수 옮김/값 6,500원

98. 보혜사 성령
W.T.P. 월스톤 지음/이종수 옮김/값 24,000원

99. 존 넬슨 다비의 성경주석: 창세기
존 넬슨 다비 지음/이종수 옮김/값 8,600원

100. 존 넬슨 다비의 성경주석: 이사야
존 넬슨 다비 지음/이종수 옮김/값 9,400원

101. "그리스도와의 하나됨"을 통한 동일시의 진리란 무엇인가
클라이드 필킹턴 주니어 책임편집/이종수 엮음/값 9,000원

102. 존 넬슨 다비의 성경주석: 다니엘
존 넬슨 다비 지음/이종수 옮김/값 8,000원

103. 그리스도와의 하나됨을 통한 "양자 삼음의 진리"란 무엇인가
클라이드 필킹턴 주니어 책임편집/이종수 엮음/값 11,000원

104. 순례자의 노래
존 넬슨 다비 지음/문영권 옮김/값 12,000원

105. 존 넬슨 다비의 성경주석: 에스겔
존 넬슨 다비 지음/이종수 옮김/값 8,800원

106. 성경공부교재 제 1권 거듭남의 진리
　　　　　　　　　　　　　　　　　　　　　　　　　　이종수 지음/ 값 5,000원
107. 존 넬슨 다비의 성경주석: 잠언, 전도서, 아가서
　　　　　　　　　　　　　　　　　　　　　　존 넬슨 다비 지음/이종수 옮김/값 5,000원
108. 성경공부교재 제 2권 죄사함의 진리
　　　　　　　　　　　　　　　　　　　　　　　　　　이종수 지음/ 값 6,500원
109. 최고의 영광으로의 부르심
　　　　　　　　　　　　　　　　　클라이드 필킹턴 주니어 편집/이종수 엮음/값 9,000원
110. 존 넬슨 다비의 성경주석: 예레미야, 예레미야애가
　　　　　　　　　　　　　　　　　　　　　　존 넬슨 다비 지음/이종수 옮김/값 9,000원
111. 존 넬슨 다비의 새번역 신약성경(다비역 성경)
　　　　　　　　　　　　　　　　　　　　　존 넬슨 다비 지음/이종수 옮김/값 35,000원
112. 존 넬슨 다비의 성경주석: 소선지서
　　　　　　　　　　　　　　　　　　　　　존 넬슨 다비 지음/이종수 옮김/값 20,000원
113. 삼층천의 비밀
　　　　　　　　　　　　　　　클라이드 필킹턴 주니어 책임편집/이종수 엮음/값 17,000원
114. 존 넬슨 다비의 침례의 더 깊은 의미
　　　　　　　　　　　　　　　　　　　　　　존 넬슨 다비 지음/이종수 옮김/값 8,000원
115. 존 넬슨 다비의 성경주석: 시편(상)
　　　　　　　　　　　　　　　　　　　　　존 넬슨 다비 지음/이종수 옮김/값 13,000원
116. 존 넬슨 다비의 성경주석: 시편(하)
　　　　　　　　　　　　　　　　　　　　　존 넬슨 다비 지음/이종수 옮김/값 14,000원
117. 여자의 너울에 대한 교회사의 증언
　　　　　　　　　　　　　　　　　　　　　　　　　　이종수 엮음/값 10,000원
118. 사랑하시는 자 안에서 우리를 열납해주신 하나님의 은혜의 영광
　　　　　　　　　　　　　　　　　　　　　　찰스 웰치 지음/이종수 옮김/값 10,000원
119. 존 넬슨 다비의 천국의 경륜이란 무엇인가
　　　　　　　　　　　　　　　　　　　　　존 넬슨 다비 지음/이종수 옮김/값 10,000원
120. 존 넬슨 다비의 아버지와 그의 아들 예수 그리스도와 더불어 누리는 사귐
　　　　　　　　　　　　　　　　　　　　　　존 넬슨 다비 지음/이종수 옮김/값 8,000원
121. 존 넬슨 다비의 성경주석: 출애굽기
　　　　　　　　　　　　　　　　　　　　　　존 넬슨 다비 지음/이종수 옮김/값 9,000원
122. 헨리 무어하우스의 은혜의 영성
　　　　　　　　　　　　　　　　　　　　　헨리 무어하우스 지음/이종수 옮김/값 15,000원
123. 존 넬슨 다비의 성경주석: 레위기
　　　　　　　　　　　　　　　　　　　　　존 넬슨 다비 지음/이종수 옮김/값 14,000원
124. 죽은 자 가운데서 부활이란 무엇인가
　　　　　　　　　　　　　　　클라이드 필킹턴 주니어 책임편집/이종수 옮김/값 7,000원
125. 존 넬슨 다비의 성경주석: 민수기
　　　　　　　　　　　　　　　　　　　　　　존 넬슨 다비 지음/이종수 옮김/값 9,000원
126. 존 넬슨 다비의 교회의 황폐화란 무엇인가
　　　　　　　　　　　　　　　　　　　　　존 넬슨 다비 지음/이종수 옮김/값 11,000원

127. 천상의 괄호란 무엇인가   R. A. 휴브너 지음/이종수 옮김/값 17,000원

128. 존 넬슨 다비의 성경주석: 신명기   존 넬슨 다비 지음/이종수 옮김/값 9,000원

129. 존 넬슨 다비의 성경주석: 사사기, 룻기   존 넬슨 다비 지음/이종수 옮김/값 7,000원

130. 개척교회 목회자 리더십과 성격유형(MBTI)   이종수 지음/ 값 15,000원

개척교회 목회자 리더십과 성격유형(MBTI)
ⓒ형제들의집 2024

초판 발행 • 2024년 5월 6일
지은이 • 이종수
발행처 • 형제들의집
판권ⓒ형제들의집 2024
등록 제 7-313호(2006.2.6)
Cell. 010-9317-9103
홈페이지 http://brethrenhouse.co.kr
카페 cafe.daum.net/BrethrenHouse
ISBN 979-11-6914-051-5 03230

*값은 뒤표지에 있습니다.
*잘못된 책은 바꿔드립니다.
*서점공급처는 〈생명의말씀사〉 입니다. 전화(02) 3159-7979(영업부)